ESCOJA
PERDONAR

ESCOJA PERDONAR

SU CAMINO A LA LIBERTAD

NANCY LEIGH DEMOSS

EDITORIAL
PORTAVOZ

La misión de *Editorial Portavoz* consiste en proporcionar productos de calidad —con integridad y excelencia—, desde una perspectiva bíblica y confiable, que animen a las personas a conocer y servir a Jesucristo.

EDITORIAL PORTAVOZ
2450 Oak Industrial Dr NE
Grand Rapids, MI 49505 USA

Visítenos en: www.portavoz.com

ISBN 978-0-8254-5664-0

1 2 3 4 5 edición / año 19 18 17 16 15

Impreso en los Estados Unidos de América
Printed in the United States of America

OH DIOS

LA SANGRE DE NUESTRO HIJO HA MULTIPLICADO

EL FRUTO DEL ESPÍRITU EN EL TERRENO DE NUESTRAS ALMAS;

POR ESO, CUANDO SUS ASESINOS SE LEVANTEN DELANTE DE TI EN EL

DÍA DEL JUICIO

RECUERDA EL FRUTO DEL ESPÍRITU POR EL CUAL ELLOS HAN

ENRIQUECIDO NUESTRA VIDA. Y PERDONA.

— *Obispo Hassan Dehqani-Tafti de Irán*[1]

CONTENIDO

Prólogo

Durante mis muchos años como pastor, he visto cuánta destrucción y enfermedad acarrea un espíritu que no perdona. No es posible exagerar el daño emocional, espiritual y físico que se produce cuando rehusamos perdonar.

Alguien ha descrito la falta de perdón como la acumulación de ira reprimida. Con frecuencia, la ira puede pasarse por alto porque se niega, mientras continúa arraigándose y creciendo como un tumor invisible. El esfuerzo por almacenar nuestras heridas para que queden fuera del alcance de nuestra memoria consciente es como tratar de sujetar bajo el agua una pelota de playa totalmente inflada. Ante el más leve cambio de presión, sale disparada sin control.

Los psicólogos afirman que quienes cultivan malezas de amargura y falta de perdón pagan un alto precio. Cuando elegimos aferrarnos a nuestro rencor, renunciamos al control sobre nuestro futuro; perdemos el frescor del nuevo día y todas sus posibilidades a cambio del dolor del pasado. Muy a menudo desperdiciamos preciada energía física y mental cavilando acerca de alguien que puede estar muy alejado y ser totalmente ajeno a nuestros pensamientos. Tal vez incluso esta persona no es consciente de lo sucedido y, sin duda, en ninguna medida se siente afectada por lo que pensamos o hacemos.

Pero antes de haber terminado de leer el título de este libro, usted habrá asimilado la verdad más importante acerca del perdón: ¡El perdón es una elección! Nancy Leigh DeMoss deja muy en claro que cada uno de nosotros tiene el poder para perdonar y ser perdonado.

A partir de historias de la vida real, podemos ver la dicha del perdón y la amargura del resentimiento prolongado. Cada capítulo lo invita a experimentar la dinámica espiritual y emocional del perdón.

Este es un libro interactivo que le plantea interrogantes importantes. En varias partes, la autora presenta un cuestionario para ayudarle a evaluar su progreso en el ciclo del perdón. Las preguntas me parecieron prácticas, profundas y reveladoras.

Si bien Nancy Leigh DeMoss es una autora excelente, es ante todo una maestra de la Biblia. Como podría esperarse de cualquier libro con su nombre en la cubierta, este ofrece una prolija exposición de las Escrituras. No se me ocurre algún pasaje clave sobre el perdón que Nancy haya pasado por alto. De forma erudita y práctica, expone cada pasaje bíblico con toda su fuerza, a fin de que se entienda claramente el mensaje acerca del perdón.

En *Escoja perdonar* están ausentes las trivialidades que tantas veces aparecen en libros como este. No hay fórmulas ni respuestas simples. Pero si usted está buscando la realidad y la belleza del perdón bíblico, aquí la encontrará.

La forma como la autora aborda el tema del "perdón a uno mismo" es la mejor respuesta a este asunto que he leído hasta ahora. Si usted es una de las tantas personas que cree que Dios puede perdonarlo, y al mismo tiempo no se perdona a sí mismo, este libro lo liberará de ese yugo.

Sea que usted necesite perdonar o ser perdonado, en este libro encontrará la fuerza espiritual que necesita para lograrlo.

DAVID JEREMIAH
Pastor principal, *Shadow Mountain Community Church*
Presidente, *Turning Point Ministries*

Con gratitud

No me parece justo que sólo mi nombre aparezca en la cubierta de un libro.

Como sabe cualquiera que ha escrito un libro o coronado cualquier otro logro, desde construir una casa hasta poner en marcha un negocio o criar una familia, no existen empresas de valor notable y duradero que se hayan realizado sin la ayuda de otros.

Cada libro que escribo, cada mensaje que doy a conocer a otros, es el fruto de la obra misericordiosa de Dios en mi vida. Y mi vida ha sido moldeada por un sinnúmero de maestros, mentores, pastores, líderes espirituales, autores, oradores y amigos que me han enseñado a vivir en los caminos del Señor siendo ejemplos para mí de su verdad, y aportando todo lo que son a lo largo de casi cinco décadas. Creo que la lista de sus nombres (incluso aquellos cuyos nombres nunca conoceré mientras viva aquí en la tierra), y todo lo que han contribuido a mi vida, llenaría un volumen de extensión considerable.

El Señor sabe cuánto me considero deudora, y cuán agradecida estoy por cada uno de estos siervos fieles.

Con respecto a este libro en particular y arriesgándome a omitir algunos nombres que deberían incluirse, reconozco con gratitud la participación de las siguientes personas en la creación de este libro:

- *Lawrence Kimbrough*, quien después de tomar montones de mis notas, copias de mensajes, archivos y correos electrónicos, junto con algunas conversaciones telefónicas, armó y configuró con destreza las diversas piezas logrando un borrador inicial que era la expresión de mi corazón; también me ayudó con el posterior desarrollo de muchos apartados del libro. Lawrence es un talentoso escritor que está cimentado en las Escrituras y que ama con ternura al Señor. Su toque personal es evidente en todo el libro, dando como resultado una obra mejor de la que yo hubiera podido escribir sin sus considerables aportes y esfuerzos.

- *Robert Wolgemuth*, quien me presentó a Lawrence y nos ha ofrecido su valioso apoyo al equipo de Moody Publishers y a mí a lo largo de este proceso.

- *Mis apreciados amigos del equipo de Moody Publishers*, entre ellos Greg Thornton, Elsa Mazon (ahora con Radio Moody), Betsey Newenhuyse, Dave DeWit, Judy Tollberg, John Hinkley, y otros que comparten la misma pasión que yo siento por ver vidas transformadas por el poder de la verdad del Señor.

- *El Dr. Bruce Ware* por su cuidadosa revisión teológica de no solo una sino dos versiones del manuscrito. Él y su esposa Jodi son almas gemelas que han servido de gran inspiración para esta sierva.

❧ *Amigos que leyeron y comentaron el manuscrito en varias etapas,* entre ellos Del Fehsenfeld III, Andrea Griffith, Paula Hendricks, Laine y Janet Johnson, y Kim Wagner, al igual que Dawn-Marie Wilson, que también colaboró en la investigación. También mi preciosa hermana, Elisabeth DeMoss, que siempre me trae citas e ilustraciones útiles.

❧ *Mike Neises,* colega por mucho tiempo y director de publicaciones de Aviva Nuestro Corazón. No hay forma de medir o reconocer adecuadamente su ayuda manifestada en su sabia dirección y supervisión, en su consejo y manejo de múltiples asuntos tan diversos.

❧ *Sandy Bixel,* mi extraordinaria asistente ejecutiva, cuyo corazón servicial y dotes administrativas hacen de mí una sierva mucho más eficiente y fructífera de lo que jamás hubiera sido sin ella.

❧ *Cada hombre y cada mujer del equipo de Aviva Nuestro Corazón que sirven a mi lado.* Este maravilloso equipo de colaboradores es una rica e inmerecida bendición del Señor. Su estímulo, sus oraciones y su infatigable labor que superó cualquier expectativa del deber durante un difícil año de transición en nuestro ministerio, me permitieron dedicar el tiempo requerido para escribir este libro.

❧ *Mis amados compañeros de oración, y muchos otros* que trabajaron conmigo, intercediendo por mí y por aquellos cuyas vidas serían liberadas mediante este llamado a elegir el camino del perdón.

SER PERDONADO ES TAN DULCE,

QUE LA MIEL ES INSÍPIDA EN COMPARACIÓN.

SIN EMBARGO, HAY UNA EXPERIENCIA AÚN MÁS DULCE,

Y ESTA ES PERDONAR.

—C. H. *Spurgeon*

Introducción

Regina Hockett esperó su turno en la fila del supermercado para finalizar una transacción rutinaria en un día cualquiera. De pronto, comenzó a percibir un alboroto a su alrededor, un bullicio y voces raras. Sintió las primeras oleadas de alarma y adrenalina que lo invaden a uno ante la percepción del peligro.

De manera instintiva, se volteó para asegurarse de que Adriane, su hija de doce años, estuviera a su lado, justo donde segundos antes le había pedido una moneda para la máquina de gomas de mascar.

Pero no veía a Adriane por ninguna parte.

Alguna vez, en esos fugaces momentos entre el pasado y el presente, la chica había recordado dónde había dejado su mamá las monedas del cambio en el auto. La niña había salido del almacén para buscar una moneda en el cenicero del auto, y luego se disponía a regresar a la entrada del establecimiento, con la intención de cambiar su moneda por un chicle.

En ese momento, contra la puesta de sol color carmesí de mediados de octubre, se oyó el disparo de un rifle en el estacionamiento. Hubo pánico.

Para entonces, Regina recorría de arriba abajo los pasillos y los corredores de las cajas registradoras, llamando a Adriane, con sus ojos ansiosos, escudriñando, relampagueando. *¿Dónde podría estar? ¡Pero si estaba justo aquí!* Por último, abriéndose paso con violencia hacia la salida, divisó el cuerpo sin vida de una niña sobre el pavimento, con zapatos que parecían conocidos y que destellaban con las luces del alumbrado público.

Era Adriane. Estaba muerta.

Pero ¿por qué?

Pasarían tres largos años antes de que la respuesta a ese interrogante comenzara a surgir; tres dolorosos aniversarios preguntándose quién había hecho esto y dónde se escondía.

Con el tiempo, los hechos salieron a la luz. Dos miembros de una pandilla de adolescentes habían partido aquella noche para "darle un nombre" a su grupo rebelde. Cuando recorrían el estacionamiento de la tienda en ese vecindario de clase media de Nashville, con la ventana del lado del pasajero abierta, y un lustroso rifle de asalto completamente cargado en su regazo, habían escogido al azar una mujer de mediana edad que estaba de pie junto a su auto. *Supongo que ella sería el objetivo.*

Algo provocó que el tirador errara en su objetivo, y la bala alcanzó a una estudiante ejemplar de sexto grado.

Los sospechosos sonrieron y se burlaron del juez cuando al fin los apresaron y trajeron a un juzgado nocturno, y cuando se leyeron los cargos en su contra. Uno de ellos incluso amenazó al detective que los acompañó, advirtiéndole que nunca viviría para ver el día del juicio de ellos.

Se descubrió que aquel había sido sólo el primero de tres asesinatos cometidos por la pareja en cuatro meses.

Puede estar seguro de que nunca antes Regina había sentido tanto dolor en su vida. "Estaba destrozada, tan destrozada como se puede estar" —dijo ella—. "Durante un año estuve tan deshecha, tan deprimida, que no pude hacer nada".

Los años pasaron, y cada uno era un recuerdo de su pérdida, un esfuerzo obligado de imaginar lo que Adriane hubiera podido hacer, dónde hubiera podido ir, cómo podría ser... si estuviera presente.

Cuando Regina se expresó públicamente en una entrevista con el periódico *The Tennessean*[2] en octubre de 2005, diez años después del asesinato, confesó que nunca entendería por completo por qué su preciada hija tuvo que morir de esa manera. "Pero sé esto: Adriane está en el cielo, y Dios me ha dado el poder para decir algo que nunca pensé poder decir: *Los perdono*".

De hecho, a raíz de su pena investigó tanto como pudo sobre los asesinos que le habían quitado la vida de su hija. Se enteró de su crianza disfuncional, de sus familias destruidas, su carencia de buenos modelos que pudieran imitar. Incluso participó en una organización que ministraba a los prisioneros condenados a muerte. Regina recuerda bien la primera vez que pudo visitarlos como parte de un grupo. Mientras hablaba con el guardia en el vestíbulo, uno de los prisioneros condenados a muerte pasó cerca; las cadenas de sus pies sonaban, y ella pudo ver su cara. Era el asesino de Adriane. Justo delante de sus ojos.

Pensó que debía haber sentido ira, pero en lugar de eso sintió pena.

"Mi corazón estaba muy cargado porque había orado por ambos chicos. Mi oración es que ellos puedan encontrar a Dios y sepan que no tienen que vivir una vida miserable, incluso allí".

Incluso ellos.

¿Cómo es posible?

Me gustaría poder decirle que el perdón no exige semejante sometimiento y renuncia. De hecho, en un sentido sería más fácil eludir el tema por completo, en vista de que vivimos tiempos en los cuales muchos enfrentan problemáticas que afectan lo más profundo de su ser, y que para tantos la única forma de sobrevivir es mantenerse alejados de los demás.

Cónyuges infieles. Padres descuidados e insensibles. Duros recuerdos de abuso sexual. Hijos rebeldes. Parientes despiadados. Jefes y figuras de autoridad arrogantes. Puedo añadir más y más.

A lo largo de treinta años de ministerio, he encontrado más dolor en el corazón humano y en las relaciones humanas de lo que jamás hubiera podido imaginar.

Por ejemplo, creo que nunca olvidaré a la mujer que pasó al micrófono en una de mis conferencias e hizo salir como un torrente la trágica historia del cruento asesinato de su hija adulta a manos de un acosador. Todavía puedo oír la profunda angustia y vehemencia en la voz de esta madre, cuando parada junto a mí frente a cientos de mujeres gritó: "¡He odiado a este hombre durante catorce años! ¿Cómo lo puedo perdonar? ¿Cómo?"

Pienso en otra mujer que había enfrentado otras experiencias y circunstancias muy diversas, y que escribió: "Me siento como una cristiana robot. He excluido a Dios de mi vida y me limito a vivir de forma mecánica por todo el sufrimiento que he soportado".

Y la mujer que dijo: "El año pasado la iglesia de mi padre lo expulsó y no lo quiso más como su pastor. Han pecado contra él; lo han agraviado. Y aún hay muchas relaciones rotas a causa de ello". Entonces, expresando el sentimiento de impotencia y el anhelo de su corazón, preguntó: *"¿Cómo se puede perdonar a una iglesia entera?"*

> PERO SI VAMOS A SER VERDADEROS INSTRUMENTOS DE MISERICORDIA EN LA VIDA DE OTROS, DEBEMOS ACTUAR CON LA VERDAD, LA VERDAD DE DIOS.

Nuestro corazón se duele al pensar en tal injusticia y sufrimiento. Cuando las personas nos cuentan este tipo de historias, deseamos decir: "Si estuviera en tu lugar, me sentiría igual". Nuestra tendencia natural es desear que los ofensores reciban al menos una medida de lo que merecen.

Pero si vamos a ser verdaderos instrumentos de misericordia en la vida de otros, debemos actuar con la verdad, la verdad *de Dios*. No con una negación optimista y artificial que intenta seguir como si el daño no hubiera ocurrido. No con palabras o fórmulas rígidas o mecánicas como si bastara una receta legalista de instrucciones paso a paso.

Me refiero a la dulce, rica y pura Palabra de Dios, y a sus caminos, que no son ajenos ni indiferentes a nuestras experiencias de la vida real, sino llenos de vida, de sanidad y de gracia, pues Dios hace posible la reconciliación en las relaciones rotas, a la vez que restaura, redime y (finalmente) hace nuevas todas las cosas.

Su verdad es lo bastante fuerte para encarar situaciones en las cuales nunca llega una disculpa o ésta resulta imposible por muerte u otra limitación; es lo bastante fuerte para dejarnos libres e ilesos, incluso nuestro corazón y nuestra alma, gracias al regalo del perdón.

Así es como Dios obra.

La actitud que predomina en nuestra cultura actual (e incluso en el mundo evangélico, con demasiada frecuencia) nos autoriza a consentir e incluso fomenta nuestro resentimiento, nuestras relaciones rotas y nuestros conflictos no resueltos. Algunas veces amigos bienintencionados nos acompañan para apoyar nuestra decisión obstinada de pagar con la misma moneda a quienes han pecado contra nosotros, simpatizates de nuestra autocompasión.

Sin embargo, la Palabra de Dios deja claro que el costo de la falta de perdón es muy alto. No podemos esperar vivir en paz con Dios o experimentar su bendición en nuestra vida si rehusamos perdonar a nuestros deudores. Hacerlo es obstruir su gracia y permitirle a Satanás que "gane ventaja" sobre nosotros (2 Co. 2:11).

Las heridas que le han infligido no se aliviarán si las acumula y deja infectar. De hecho, solo se harán más molestas y agobiantes.

La compasión puede dar alivio temporal, pero sólo el perdón puede traer consuelo duradero.

Los dientes afilados de la amargura

Uno de los personajes más memorables de *Grandes esperanzas*, la novela clásica, de Charles Dickens, es una excéntrica anciana llamada Miss Havisham. En el relato, conocemos a esta extraña mujer en su cumpleaños. Años antes, ese mismo día, ella se vestía para su boda, a la espera de su prometido. Sin embargo, faltando veinte minutos para las nueve, recibió la abrumadora noticia de que su novio se había escapado con otra mujer y que por consiguiente no vendría... ni ahora ni nunca.

A partir de ese momento, la vida se detuvo para Miss Havisham. Todos los relojes de su casa quedaron detenidos exactamente en la desdichada hora de las ocho y cuarenta. De las ventanas colgaban pesadas cortinas que bloqueaban la entrada de los rayos del sol a su casa, una morada oscura y más deslucida que nunca. Vivía encerrada con su hija adoptiva Estella, mientras el banquete y el pastel de la boda permanecían pudriéndose sobre la mesa, las arañas arrastraban las migajas y se escuchaban ratones trepando las paredes.

Lo más gráfico era que la novia abandonada aún tenía el ahora chafado vestido y el velo que llevaba puestos en el momento de su tragedia; desde hacía tiempo estaban desteñidos y amarillentos, y la tela y encajes no eran más que harapos.

Al personaje principal, Pip, que llega a la casa atraído por Estella, y a quien desde luego le intriga el motivo de semejante espectáculo (*¿a quién no?*), Miss Havisham le ofrece este deprimente análisis: "En este día del año, mucho antes de que usted naciera, fue traído aquí este montón de ruinas. Nos hemos consumido juntos. Los ratones lo han roído, y *dientes más afilados que los de los ratones me han carcomido a mí*" (cursivas añadidas).[3]

Aquellos "dientes" eran (y son) los filos cortantes de la amargura, el resentimiento y la falta de perdón. Desgarran más hondo que la herida producida por una garra o un colmillo; esta filosa hoja puede atravesar la piel y minar el gozo, erosionar la paz

> **EL PERDÓN NO ES UN MÉTODO QUE PUEDA APRENDERSE SINO MÁS BIEN UNA VERDAD QUE DEBE VIVIRSE.**

y cerrar nuestro corazón a la luz de la presencia de Dios.

Claro, puede que nuestra situación no sea tan patética como la de Miss Havisham. Podemos encontrar maneras de acallar el dolor, de seguir adelante a pesar de nuestro resentimiento, e incluso mantener una apariencia de normalidad. Con todo, nuestro espíritu interior sufre los signos delatores de esos dientes lacerantes y de la tenebrosa condición en la que hemos decidido vivir.

¿Se ha detenido el reloj en *su* vida? ¿Hubo un momento en el que alguien o algo lo hirió, y a partir del cual todo cambió? Quizá usted todavía puede recordar el día, la hora, el año, la escena, las circunstancias exactas de ese momento. Sus esperanzas, sus sueños y su inocencia sintieron el afilado aguijón de la traición y la desilusión. Desde entonces, la historia de su vida ha sido revivir su pérdida y buscar venganza, con acciones directas o negándose a brindar amor y afecto.

¿Sabe bien cómo se sienten esos dientes afilados?

Quiero decirle que no tiene por qué vivir así. Es tiempo de retirar las cortinas y salir de la oscuridad. Hacerlo puede parecer arriesgado, incluso imposible. El proceso puede ser doloroso. Pero hay vida, salud y todo un mundo nuevo fuera de la oscuridad, de las mohosas paredes del dolor y la desilusión tras las cuales ha parapetado su corazón. Dios quiere darle la gracia para seguir adelante; Él quiere hacerlo libre.

Una verdad para ser vivida

A lo largo de este libro veremos qué es y qué no es el perdón; lo analizaremos a la luz de las Escrituras, inquiriendo en sus promesas al tiempo que desenmascaramos algunos de los mitos que lo rodean. Nos enfocaremos en la manera como podemos vivirlo, y en cómo ponemos en práctica la gracia y la misericordia de Dios como Él lo ha hecho con nosotros.

Sin embargo, en ninguno de los mejores principios y reflexiones que yo pueda ofrecer, y en ningún pasaje de las Escrituras, vamos a encontrar una palabra mágica o una fórmula secreta. El perdón no es un método que pueda aprenderse sino más bien una verdad que debe vivirse. El concepto del perdón no será ajeno a muchos de los que lean este libro. Es improbable que en estas páginas descubra alguna verdad nueva y profunda.

Para la mayoría de nosotros el problema no es que no sepamos acerca del perdón. El problema, como he podido observar en tantas vidas (entre ellas la mía), es que no hemos reconocido y admitido la falta de perdón que existe en nuestro corazón, o que simplemente no hemos escogido perdonar.

Al animarlo a escoger la senda del perdón, con todos sus riesgos y dificultades, no quiero dar a entender que lo que le ha pasado no es tan malo. Lo que usted ha sufrido es real. Tal vez ha sufrido un terrible maltrato por parte de un pariente cercano, o de un amigo cercano, o de un extraño. Puede que haya áreas de su vida tan delicadas que difícilmente soportan que alguien las toque, debido a circunstancias pasadas o presentes que aún se siente incapaz de comentar.

No quiero restarle importancia o minimizar las experiencias que han dejado una dolorosa huella en su alma. De hecho, aunque algunos insistan en que usted necesita "perdonar y olvidar", la verdad es que el verdadero perdón precisa que usted encare el mal que ha sufrido.

No obstante, descubriremos a lo largo del camino esta dura pero sanadora verdad: Cualquiera sea el pecado que hayan cometido contra usted, si escoge no perdonar, esa elección es en sí misma un pecado grave. De hecho, la falta de perdón puede a menudo ocasionar problemas en su vida mucho peores y a más largo plazo que el dolor de la ofensa original.

Mi oración por usted

Me he sentido apremiada a escribir este libro porque sé que muchos creyentes enfrentan a diario los efectos en cadena de la falta de perdón, en una u otra forma. Es algo que afecta a hombres y mujeres, adultos y jóvenes, casados y solteros, ricos y pobres. Puede ser la respuesta a ofensas indescriptibles, algunas de las cuales pueden extenderse por décadas, o a insultos y agravios momentáneos que si bien parecen microscópicos, duelen.

He visto cómo la falta de perdón causa estragos en los matrimonios, las iglesias, los centros de trabajo y los ministerios. He visto cómo destruye amistades de mucho tiempo.

La amplia experiencia pastoral de John MacArthur lo ha llevado a la convicción de que "casi todos los problemas personales que llevan a las personas a buscar consejo pastoral tienen que ver de alguna manera con el perdón".[4] Dicho de forma simple, este es un *tema capital*.

Es probable que mientras lee estas palabras, el resentimiento arda como un fuego incontenible en su interior. O puede que sea menos intenso, más parecido a un dolor adormecido. Puede llegar a acostumbrarse tanto a él que sea incapaz de recordar lo que era vivir sin él. O puede ser tan sutil y encubierto que ni siquiera pueda reconocerlo por lo que es. Sin importar lo que sea, usted no tiene que seguir ese camino. La elección de perdonar lo conducirá a un camino hacia la libertad.

El autor de Hebreos dijo: "Miren bien, no sea que alguno deje de alcanzar la gracia de Dios; que brotando alguna raíz de amargura, os estorbe, y por ella muchos sean contaminados" (He. 12:15).

Miren bien. Esas son las palabras inspiradas de Dios que me guían a aguas donde sé que me arriesgo a que me consideren alguien insensible o simplista, por parecer fría y cruel. Mi oración más profunda es que cada lector pueda "alcanzar la gracia de Dios"; que usted libere cada rehén que pueda mantener cautivo en la prisión de su mente y de sus emociones... y que al hacerlo también encuentre su libertad.

Este es el plan de Dios para usted. Es lo mejor que Dios tiene para usted. Y es la voluntad de Dios para su vida.

Perdone.

Hablamos de manera locuaz acerca del perdón
cuando nunca hemos sufrido un agravio.
Cuando somos agraviados sabemos que es imposible
para un ser humano perdonar a otro,
sin la gracia de Dios.

—*Oswald Chambers*

CAPÍTULO UNO

CAMINAR LASTIMADO

Mientras escribía este libro un amigo me dijo: "Yo en realidad no toco este tema. Simplemente no lucho con la amargura o la falta de perdón".

Aunque esto puede ser cierto para unos pocos, he llegado a pensar que, de manera consciente o inconsciente, la falta de perdón es, de hecho, un asunto muy real para la mayoría de las personas. Casi todo el mundo conoce a una o a varias personas a quienes no ha perdonado.

He confirmado esto una y otra vez con lo que veo. Durante muchos años, siempre que he tratado el tema, y después de definir y describir el perdón desde una perspectiva bíblica, le he preguntado al público: "¿Cuántos de ustedes serían lo bastante sinceros como para admitir que hay una raíz de amargura en su corazón, que hay una o más personas en su vida —pasada o presente— a quienes nunca ha perdonado?"

prioridades nunca han coincidido con las suyas, que a menudo olvida o desatiende lo que es importante para usted.

Puede ser una hermana o un hermano que discutía con usted tanto por asuntos familiares importantes como insignificantes. Esto ha hecho que sus relaciones con él o ella sean tensas y superficiales, volviendo casi cada día festivo o cada reunión familiar una tarea penosa y una ocasión más para tomar partido y soportar insultos.

Quizás es un nuevo administrador en la compañía donde trabaja que lo ha hecho sentirse marginado y menospreciado. Tal vez es su yerno que ha hecho sufrir a su hija o ha envenenado su relación con sus nietos. O un pastor que traicionó la confianza de toda la congregación a la que usted pertenece al involucrarse en un romance adúltero, convirtiendo a su iglesia en una telenovela más que un santuario. O quizás es una mujer que sedujo con engaños a su esposo y lo alejó de usted, y ahora su ira y resentimiento hacia ellos ha contaminado sus pensamientos, sus actitudes y su actividad diaria.

Y si no es nada de lo anterior... es algo más, alguien, una situación que reaparece con dolorosa frecuencia y que hace desbordar como un torrente todas las emociones. Esto le ha dejado el corazón como si estuviera lleno de nudos. Parece como si usted estuviera en guerra permanente, siempre en guardia contra el ataque de sentimientos contradictorios.

> ¿TIENE QUE CONFORMARSE CON QUE LOS HORRIBLES RESTOS DEL DOLOR SEAN SU PORCIÓN EN LA VIDA? Y SI LA RESPUESTA ES NO, ¿EN REALIDAD LO CREERÍA?

Esto ha interrumpido el libre caudal de adoración y ternura que usted solía disfrutar en su relación con Dios, y es algo que le hace falta. Le hace falta Él. Es como andar siempre con algo de fiebre, o tal vez una peligrosa fiebre alta, y es algo que ha cambiado por completo el sentido de "normalidad" en su vida.

La pregunta es: *¿Estas heridas, pasadas o presentes, tienen que determinar lo que usted es, su destino y su manera de llegar a él?* ¿Tiene que conformarse con que los horribles restos del dolor sean su porción en la vida? Y si la respuesta a estas preguntas es no, ¿en realidad lo creería?

Si tan solo usted supiera

Los asuntos que requieren perdón tienden a golpearnos justo donde nos duele. Rara vez juegan limpio, y pueden venir con poco o ningún aviso. Y aunque pueden parecerse a los que otros han experimentado, a menudo suscitan una serie de interrogantes difíciles en cada caso.

Por ejemplo:

¿Qué hace usted cuando el problema no es simplemente un vieja herida del pasado sino una que continuamente se abre y agrava? ¿Cómo manejarlo si el causante de su condición actual de ira y amargura no es un recuerdo distante sino un acontecimiento que se repite (un amigo me preguntó esto ayer)?

O ¿cómo perdonar a alguien mientras tiene que protegerse a sí mismo o incluso a sus hijos del daño que esa persona representa?

¿Cómo manejar las imágenes, los sonidos y las escenas que reaparecen de repente, o los recuerdos y fechas que se repiten sin cesar o se manifiestan en cualquier momento del día?

que constituyen terreno fértil para que se arraiguen y florezcan en nuestro corazón el resentimiento y la falta de perdón.

Hasta ahí todo está claro. No hay discusión. Sin embargo, quiero retarlo a considerar otro comentario que puede no ser tan fácil de aceptar:

El resultado de nuestra vida no depende de lo que nos pasa sino de cómo respondemos a lo que nos pasa.

¿Captó esta idea? El resultado de su vida y de la mía, es decir, lo que somos, cómo funcionamos, nuestro bienestar personal, nuestro futuro, nuestras relaciones, nuestro servicio... nada de eso está determinado en última instancia por cosa alguna que hayan hecho o puedan hacer para herirnos.

Por supuesto, las circunstancias que forman el telón de fondo de nuestra vida *nos afectarán*; dejarán huellas en nuestro corazón que siempre serán parte de nuestra experiencia. Con todo, esos sucesos, por horrendos que sean, no tienen el poder para controlar el fin de nuestra vida.

> NUESTRA ÚNICA ESPERANZA CONSISTE EN DARNOS CUENTA DE QUE PODEMOS ESCOGER CÓMO ENFRENTAMOS LAS CIRCUNSTANCIAS DE LA VIDA.

Mientras creamos que nuestra felicidad y bienestar dependen de lo que nos pasa, siempre seremos víctimas, porque gran parte de lo que nos sucede escapa a nuestro control. Esa manera de pensar excluye cualquier esperanza; así nunca podemos ser diferentes, ni completos, ni libres. En mayor o menor medida (según como seamos tratados o maltratados) siempre seremos como artículos dañados, personas condenadas a ser disfuncionales en un mundo disfuncional.

En realidad no tenemos alternativa alguna frente a muchas de las cosas que nos pasan. Nuestra única esperanza consiste en darnos cuenta de que podemos escoger cómo *enfrentamos* las circunstancias de la vida. Dichas respuestas son las que determinan el resultado de nuestra vida.

Ahora, puede que a usted no le parezcan buenas noticias. "¿Me está diciendo que yo soy responsable? Esto pone la carga sobre mí... ¿qué clase de mensaje de aliento es ese?"

No obstante, sin importar cuán atado haya quedado por su respuesta a las heridas que otros le han infligido, le aseguro que aceptar esta verdad es el punto de partida de su viaje hacia la libertad.

Cuando como hijos de Dios comprendemos que su gracia es suficiente para cada situación, que por el poder de su Espíritu que mora en nosotros tenemos la capacidad de responder con gracia y perdón a quienes han pecado contra nosotros, dejamos de ser las víctimas de la situación. Entonces somos libres para sobreponernos a cualquier acto que puedan haber cometido contra nosotros, para crecer por medio de él, y para convertirnos en instrumentos de gracia, reconciliación y redención en la vida de otras personas heridas e incluso en la de nuestros ofensores.

Sí, podemos ser libres... si elegimos serlo.

Llevar cuentas

Hay dos formas esenciales de responder a las heridas y a las experiencias injustas de la vida. Cada vez que somos lastimados, elegimos reaccionar en una de las dos.

No fue sólo una nariz ensangrentada. (De hecho, su esposa todavía se molesta cuando alguien se refiere a las lesiones de su esposo como "una nariz rota": "La única parte de su rostro que no se arruinó", —dice ella— "fue su nariz"). Su cráneo quedó desarticulado, su mandíbula nunca volvió a cerrar de forma adecuada. Incluso sus conductos lagrimales quedaron arruinados. Casi muere.

En la siguiente temporada, después de cinco cirugías reconstructivas, Rudy intentó volver a jugar su amado deporte. Sin embargo, sólo por poco tiempo logró alcanzar el nivel de desempeño previo a los súbitos sucesos de aquella noche. Se retiró poco tiempo después, al darse cuenta de que sus habilidades se habían afectado, pues no quería trasladar a su familia a otra ciudad sólo para tratar de alargar un poco más sus días de práctica deportiva.

Todo pasó muy rápido, sin avisar. Un día, su idea de "normalidad" era la vida competitiva de un atleta profesional. Al siguiente día, este concepto significó permanecer durante horas en una unidad de cuidados intensivos, entre la vida y la muerte.

> **UNA DEFINICIÓN DE LA FALTA DE PERDÓN: "ES COMO TOMARSE UN VENENO Y PRETENDER QUE OTRO MUERA".**

Lo que lo llevó allí no fue hecho a propósito. Algo se desencadenó, una cosa condujo a la otra, una situación que se descontroló. A veces eso sucede, ¿no es verdad? Es posible que usted recuerde un acontecimiento en su propia vida cuando las cosas se acaloraron, la vasija comenzó a hervir y la siguiente cosa que supo fue que el daño ya había sido hecho. No había marcha atrás. Lo que se dijo, lo que ocurrió, cambió su vida para siempre.

No obstante, cuando le preguntaron a este atleta si había perdonado a Kermit Washington por el puñetazo que arruinó su carrera deportiva, Rudy respondió: "Una vez alguien me dijo que odiar a Kermit sería como tomarse un veneno y pretender que otro muera. He tratado de recordar esto siempre".[5]

Como tomarse un veneno y pretender que otro muera. Esta es una poderosa ilustración de lo que es la falta de perdón en el corazón humano. Aunque pueda sentirse como una acción correcta, aunque pueda parecer justificable, aunque pueda surgir como nuestra única opción, es destructivo y mortal para aquel que lo toma. La misma arma que utilizamos para infligirle dolor a nuestro ofensor se convierte en una espada contra nosotros, que nos hace mucho más daño a nosotros mismos y a quienes amamos, que a aquellos que nos han herido.

Encontrar la libertad

Entiendo que este viaje hacia el perdón requiere que usted profundice en áreas de su vida que aún están sensibles y delicadas para ser tocadas. Sin embargo, también soy consciente de que nuestra forma natural de manejar estas heridas solo las mantiene irritadas e inflamadas.

Es la forma de actuar de Dios, y sólo la suya, la que ofrece una esperanza de sanidad y libertad de los problemas inevitables de la vida que enfrentamos.

No fue una promesa vaga o una ilusión lo que Jesús dijo: "y conoceréis la verdad, y la verdad os hará libres" (Jn. 8:32). Escoger el perdón y andar en su verdad es el camino que Dios ha trazado, su viaje a la libertad. Y solo quienes lo transitan, lo descubrirán.

REFLEXIÓN PERSONAL

❧ ¿Hay una persona o circunstancia a la cual haya culpado por el curso que ha seguido su vida? ¿Cómo puede liberarlo el hecho de aceptar su responsabilidad por la manera como ha reaccionado a esa persona o situación?

❧ ¿Hay alguien que lo ha perjudicado y a quien usted todavía trata de hacerle pagar por sus ofensas? ¿De qué forma ha tratado de exigir el pago? ¿Qué le impide perdonar y liberar a esa persona de su deuda?

❧ ¿Recuerda una situación en la que se vengó o llegó a resentirse contra alguien que lo hirió en vez de perdonarlo? ¿Cuáles fueron los resultados? ¿De qué manera afectó esto su relación con esa persona? ¿De qué forma cambió usted por su respuesta? ¿Cómo afectó esto su relación con Dios?

TODA VENGANZA ES IGUAL QUE UN VENENO,
Y AUNQUE NO TOMEMOS TANTO COMO PARA ACABAR CON
NUESTRA VIDA, AUN LO POCO QUE TOMAMOS CORROMPE
TODA LA SANGRE Y DIFICULTA LA TAREA DE RECUPERAR
NUESTRA VITALIDAD ANTERIOR.

—*William Law*

CAPÍTULO DOS

LO QUE SUCEDE CUANDO REHUSAMOS PERDONAR

Un corazón herido puede experimentar emociones fuertes. Nuestro ministerio recibió una carta que muestra un corazón desgarrado; fue escrita por un chico convertido en hombre y luego diácono de iglesia, e ilustra claramente cuán intensas pueden ser estas emociones y los efectos duraderos y de gran alcance que pueden dejar con el paso del tiempo. También muestra la increíble distancia que es capaz de recorrer una persona herida en su esfuerzo por lidiar con el dolor.

Mi papá nos dejó cuando yo tenía dos años. Yo ansiaba tener un padre. Lo odié por dejarme. Lo odié tanto, que deseaba que muriera y se fuera al infierno.

importar cuán grande o pequeña sea la ofensa, ni lo enmarañado y complejo del asunto.

Jesús contó en Mateo 18 la profunda parábola del siervo que no perdona, en respuesta a la pregunta de Pedro: "Señor, ¿cuántas veces perdonaré a mi hermano que peque contra mí? ¿Hasta siete? " (v. 21). Allí vemos las horribles consecuencias que trae albergar rencor contra otros, si tenemos en cuenta lo mucho que Dios nos ha perdonado.

Usted conoce la historia. Un rey descubrió que uno de sus siervos le debía "diez mil talentos". Un "talento" equivalía en promedio al salario de veinte años de salario de un trabajador normal. Así que 10.000 talentos serían el pago de 200.000 años. Si tomamos la cifra de $30.000 como referente de un salario anual justo, 10.000 talentos sumarían unos $6 mil millones. ¡Una deuda imposible de pagar aun viviendo muchas vidas!

Para contextualizar esta cantidad, en aquella época el impuesto total anual que recogía el gobierno romano de toda la tierra de Palestina promediaba los 900 talentos, una cifra muy inferior a los 10.000 talentos. Jesús quiso escoger esta cifra astronómica con el fin de representar una cantidad inmensurable.

El rey mandó traer al hombre, exigiendo que él y su familia fueran vendidos con la esperanza de recuperar al menos parte de la deuda. El siervo cayó de rodillas rogándole al rey que tuviera paciencia con él, asegurándole que devolvería (como si en realidad pudiera) cada centavo que le debía. Aun cuando el rey sabía que el hombre nunca podría aspirar a acumular semejante cantidad de dinero, tuvo compasión de él, canceló la deuda y lo dejó ir.

Sin embargo, la historia se complica. Cuando este siervo regresó a su casa como un hombre perdonado, salió a buscar a uno de sus compañeros que le debía "cien denarios; y asiendo de él, le ahogaba, diciendo: Págame lo que me debes'" (v. 28).

Tal vez usted ya sabe que "cien denarios" equivalen a unos pocos dólares, no más que algunas monedas de cambio. Sin embargo, ya que un denario representaba el salario de un día de un trabajador común, cien denarios significaban cerca de tres meses de ingresos.

Si suponemos de nuevo que un salario anual es de $30.000, este compañero podría deber alrededor de $10.000, lo cual es una cantidad considerable para la mayoría de los trabajadores. Es posible entonces que resultemos simpatizando con la respuesta del siervo a su deudor, si no fuera por el hecho de que la deuda de este último no era nada en comparación con la exorbitante deuda que le habían perdonado a él.

Cuando leo lo que el siervo perdonado le hizo a su compañero, puedo sentir que mi presión sanguínea comienza a subir. Me indigna su insensibilidad e ingratitud. Pero justo en ese momento siento que el Espíritu Santo señala con suavidad mi propio corazón, y dice: "¿No es eso lo que tú haces?"

> CADA VEZ QUE ME NIEGO A PERDONAR Y GUARDO RENCOR, SOY COMO EL HOMBRE QUE AGARRÓ A SU COMPAÑERO POR EL CUELLO Y LE EXIGIÓ: "¡PÁGAME LO QUE ME DEBES!"

Cada vez que me niego a perdonar y guardo rencor, soy como el hombre que agarró a su compañero por el cuello y le exigió: "¡Págame lo que me debes!"

Después que este hombre fue llevado de nuevo ante el rey

"Seguid la paz con todos, y la santidad, sin la cual nadie
verá al Señor" (v. 14).

En seguida el autor nos recuerda la provisión de Dios para
enfrentar las circunstancias dolorosas de la vida, así como lo
que nos sobrevendrá si no recibimos y nos apropiamos de dicha
provisión:

"Mirad bien, no sea que alguno deje de alcanzar la gracia
de Dios; que brotando alguna raíz de amargura, os
estorbe, y por ella muchos sean contaminados" (v. 15).

Cuando somos lastimados, sin importar cuán seria haya
sido la ofensa o profunda la herida, Dios ofrece su gracia para
ayudarnos a enfrentarla y perdonar a quien la cometió. En
este punto tenemos dos opciones: Podemos reconocer nuestra
necesidad y en humildad buscarle para recibir su gracia para perdonar y liberar al ofensor, o podemos resistirle, quedarnos sin su gracia y aferrarnos a la herida.

> ESTOY CONVENCIDA DE QUE
> EL PECADO SEXUAL ESTÁ CASI
> SIEMPRE LIGADO A LA RAÍZ DE
> AMARGURA, COMO LO ESTÁN
> MUCHOS OTROS PECADOS Y
> ASUNTOS DE ESTE TIPO.

Si tomamos el último camino, la amargura echará raíces en nuestro corazón. A
su tiempo, esa raíz brotará y nos causará problemas a nosotros
y a quienes nos rodean, los cuales serán afectados por nuestro
espíritu rencoroso.

El versículo 16 amplía este concepto al ilustrar una manera como se manifiesta usualmente la amargura en la vida de las personas: "no sea que haya algún *fornicario*, o profano, como Esaú, que por una sola comida vendió su primogenitura".

A riesgo de simplificar demasiado, después de años de ayudar a personas que han "caído" en varios tipos de inmoralidad, estoy convencida de que el pecado sexual está casi siempre ligado a la raíz de amargura, como lo están muchos otros pecados y asuntos de este tipo.

Veamos algunos ejemplos: El espíritu de una muchacha se hiere por tener un padre abusivo o ausente, y en lugar de buscar la gracia de Dios, se resiente con su papá y busca amor en la cama con su novio. Un joven que ha sufrido el acoso de un hombre adulto o no recibe el afecto varonil apropiado de su papá; este, al no buscar la gracia que Dios ofrece, se vuelve amargado y se inclina a relaciones ilícitas con otros hombres para tratar de saciar las necesidades insatisfechas de su corazón. Un hombre que no se siente respetado por su esposa (o una mujer, abandonada por su esposo); ellos, en vez de volverse a Dios para alcanzar gracia, se vuelven susceptibles a las insinuaciones de un colega de trabajo o a otro pecado sexual.

Ellos venden su primogenitura espiritual, ¿a cambio de qué? De esclavitud, perversión, vergüenza, generaciones de vidas y hogares deshechos. Lo he visto una y otra vez.

Cuando a esa raíz de amargura se le ha permitido brotar, sus vidas —y quién sabe cuántas más— se alteran y contaminan.

Esto fue lo que le sucedió a un hombre conocido que, junto con su esposa, habían servido al Señor y disfrutado de un ministerio fructífero por muchos años. Sin embargo, por un

Cuando usted es difamado o injuriado sin razón por las acciones de otros —tal vez un pariente, un empleador, o alguien con quien asiste a la iglesia—, puede sentir que la amargura es un derecho; ésta puede convertirse en su zona de seguridad. Puede que usted se sienta incapaz de emitir otra respuesta. No obstante, es una posición condenada al fracaso.

Esto no solo es pecado, también es absurdo.

La cura para la amargura es confiar en las manos y el corazón del Señor y "[acercarnos...] confiadamente al trono de la gracia, para alcanzar misericordia y hallar gracia para el oportuno socorro" (He. 4:16). Sí, la gracia está ahí, porque Él está ahí.

Por medio de estas circunstancias —no importa cuán dolorosas o difíciles— usted tiene el potencial y la oportunidad de ser hecho más como Cristo. Este es el propósito más elevado del Padre para su vida: Que usted llegue a ser hecho conforme "a la imagen de su Hijo" (Ro. 8:29). Aun Jesús mismo, por el propósito y el plan divino del Padre, fue perfeccionado "por aflicciones" (He. 2:10), no solo para obtener nuestra salvación eterna sino también para saber qué sentimos cuando nos maltratan, cuando se aprovechan de nosotros o no nos entienden, cosas que también le han ocurrido a usted.

La raíz de amargura invadirá cada rincón de su vida si se lo permite. Pero Dios lo invita, lo *apremia*, a alcanzar y recibir su gracia. Si lo hace, su corazón será libre de la cárcel de la falta de perdón; será libre para amar y servirle a Él y a otros. Nunca más esta raíz de amargura lo afligirá ni "contaminará" a otros. Antes bien, su gracia pasará a otros por medio de usted, para bendecir todo lo que toca.

❧ Mientras leía este capítulo, ¿le mostró el Señor alguna raíz de amargura o falta de perdón que hay en su corazón? En caso afirmativo, ¿cómo se ha manifestado esa amargura? (p. ej., los pecados enumerados en Efesios 4:31)?

❧ ¿Puede identificar algunas tensiones o presiones crónicas en su vida (ya sean físicas, emocionales, mentales, relacionales, financieras) cuyo origen podría ser un espíritu rencoroso o amargado? Pídale al Señor que le muestre si existe dicha relación.

❧ ¿Puede identificar en su vida alguna de las siguientes manifestaciones de una raíz de amargura (pasada o presente)?

❧ Se ha afectado su capacidad para experimentar el amor y el perdón de Dios.

❧ Satanás ha logrado tener asidero en su vida.

❧ Sus semejantes han sido "contaminados".

❧ ¿En qué área de su vida necesita recibir la gracia de Dios para evitar que brote esa raíz de amargura en su corazón? ¿Clamará a Él para recibir su gracia en esa área?

Y una por una, las cadenas de odio, ira y amargura comenzaron a romperse en el corazón de Ernie. Él experimentó mejoría. Casi podía sentir en su cuerpo una nueva libertad de movimiento, el alivio de haberse despojado del peso de su carga, porque aunque seguía preso de los alemanes, Ernie era libre.

Años después explicó: "Un hebreo más que fue librado del horno de fuego".

Un día después de la guerra y de su liberación, Ernie recibió una llamada telefónica de la esposa del comandante que había supervisado la prisión donde él había estado. El hombre estaba enfermo en ese momento y muriendo de una enfermedad contagiosa. La esposa de él quería que Ernie lo visitara.

¿Sí? ¿No?

Solo podemos imaginar el abismo entre estas dos respuestas y con cuánta fuerza su corazón se inclinaba a la negativa. Él ya había perdonado, había renunciado a su odio. Esto debía ser suficiente. ¿Volver a mirar esos ojos malvados otra vez, o peor aún, correr el riesgo de contagiarse de la misma infección y encarar de nuevo la muerte? ¿Sí o no?

Mientras luchaba con su dilema, su padre lo exhortó: "Jesús nos dice que debemos perdonar a nuestros enemigos. Ve a verlo".

Él fue.

Y allí estaba, el que fue en un momento su despiadado captor, ahora débil y luchando para respirar. Ernie trató de hablar pero las palabras no salieron. En ese momento "una voz dentro de mí me instó: 'Anda y bésalo'".

"No podía creer lo que había escuchado. ¿Besarlo?"

Pero la voz no se callaba. "Bésalo. Yo te voy a proteger".

Ernie recuerda: "Con aprehensión me incliné y besé su frente. Él estalló en lágrimas. Y mientras lloraba, se disculpaba una y otra vez por el daño que había hecho".

"Entonces comprendí que él no solo necesitaba mi perdón, sino la misericordia de Dios. Le hablé acerca de Jesús, de cómo el Mesías judío murió para expiar los pecados del mundo".

> EN LO QUE RESPECTA AL PERDÓN, NUESTRO SEÑOR NUNCA NOS MANDARÍA HACER ALGO PARA LO CUAL NO NOS FACULTARA TAMBIÉN.

Y justo allí, en ese momento, Ernest Cassutto guió a Jesús a su anterior verdugo.

Al alejarse, Ernie pensó de nuevo en aquellas palabras de Mateo 5:44: "El Señor me enseñó otra lección acerca de cómo amar a mi enemigo... y esta vez le enseñó incluso a mi enemigo a amarme".

Usted sabe tan bien como yo, que una experiencia como esta no puede fingirse o fabricarse. De hecho, para un sobreviviente del Holocausto, para usted y para mí, el perdón es una experiencia sobrenatural. No es algo que podemos hacer nosotros mismos. Corrie ten Boom, una mujer que enfrentó los mismos retos en ese mismo periodo de la historia, escribió también en *El refugio secreto*:

"No es de nuestro perdón, sino de algo que sobrepasa nuestra bondad, que depende la sanidad del mundo; es una obra del Señor".

Así que, aunque el perdón es en realidad costoso, está al alcance de aquellos de cuyo interior fluye la vida de Cristo.

✤ ¿Hay algún "Nabal" en su vida que necesite encomendar a Dios? ¿Cómo puede reaccionar de tal forma que demuestre perdón, valor, sabiduría y fe?

✤ ¿Qué temores, sentimientos o reservas pueden haberle impedido perdonar a alguien que ha pecado contra usted? ¿Qué dice la Palabra de Dios acerca de esas inquietudes?

✤ *"El perdón es una promesa. Una promesa de nunca mencionar otra vez aquel pecado contra aquella persona, ni a Dios, ni a quien lo cometió, ni a nadie más".* Según esa descripción, ¿hay alguien a quien debe perdonar? ¿Puede presionar la tecla de borrar y dejarlo ir?

Creo que nadie podría saber con certeza cuál hubiera sido su primera reacción a este tipo de revelación. Esta esposa tampoco lo sabía. Por supuesto, el trauma fue inmenso y el dolor desgarrador. Pero de alguna forma, mientras luchaba para asimilar la declaración de infidelidad de su esposo, sintió la fuerte e inexplicable convicción de que *debía* perdonarlo. No es que ella viviera en un mundo ideal de abnegación; ya que ella misma explicó después: "¿Cómo *no* iba a perdonarlo, si Dios me había perdonado por completo?"

Aunque parezca increíble, movida por la gracia de Dios, se sentó luego a escribir una nota a la "otra mujer" para asegurarle que ya la había perdonado. Al otro día, la mujer se presentó a su puerta y exclamó con lágrimas: "Gracias a su perdón he llegado a conocer al Señor".

¿Cómo puede esto pasar en la vida real, con personas reales que tienen sentimientos reales?

Quizás la mejor pregunta no es "¿cómo?" sino "¿por qué?"

La reacción que debemos tener ante las personas que nos han lastimado no es una respuesta superficial ni sentimental. No es sobreponerse alegremente a la ofensa como si nada hubiera pasado.

En su clásico libro devocional *En pos de lo supremo*, Oswald Chambers nos recuerda que el punto crucial del tema del perdón es la cruz de Cristo. No hay perdón posible fuera de la cruz, y la cruz no es una cuestión trivial.

> Es pura necedad afirmar que Dios nos perdona porque Él es amor... El amor de Dios significa nada menos que el Calvario; el amor de Dios se manifiesta en la cruz, y

en ninguna otra parte. El único motivo por el cual Dios puede perdonarme es la cruz de mi Señor.[14]

Somos propensos a olvidar esto. En cierto modo tenemos la idea de que Dios nos ha perdonado meramente por su bondad, sólo porque Él quiso. Entonces el perdón es lo que esperaríamos de un Dios a quien no le importaría hacer un esfuerzo especial con tal de mostrarse bondadoso con nosotros.

Pero es muy diferente cuando comprendemos el fundamento sobre el cual se logró nuestro perdón. Si estamos llamados a perdonar a otros como Dios nos ha perdonado, entonces debemos entender cómo Él nos perdonó.

El Calvario precisó una agonía que no podemos entender de forma completa. En la cruz, Jesús llevó nuestros pecados, soportando la desgarradora consecuencia de perder su comunión con el Padre: Aquel a Quien adoraba y de Quien nunca se había separado. Para nosotros es imposible comprender esto en su totalidad. En el mejor de los casos, solo podemos imaginar lo que el Padre y el Hijo tuvieron que soportar cuando, por primera vez, el costo de nuestro pecado interrumpió su relación eterna.

Pero fue producto de esta "tremenda tragedia", escribe Chambers, que se logró nuestro perdón: "Poner otro fundamento para el perdón constituye una blasfemia irracional".[15]

Estas son palabras fuertes, y también lo son estas: "en quien tenemos redención *por su sangre*, el perdón de pecados... Porque él es nuestra paz, que de ambos pueblos hizo uno, derribando la pared intermedia de separación" (Ef. 1:7; 2:14).

El perdón no significa ser libre así no más. Es duro. Es costoso. Es doloroso.

Sin embargo, es la única forma como puede ser real... tan real como el perdón que Dios nos da, tan real como para cambiarnos de verdad.

¿Cómo puede ser esto?

Es probable que usted haya oído que nada puede acontecer en la vida del creyente sin antes pasar por el escritorio de Dios y ser filtrado por su amor eterno y sus designios para nosotros. Desde luego, vemos esto con claridad en la historia de Job, en cuya vida Dios permitió que Satanás infligiera una medida de sufrimiento.

> SI USTED ES UN HIJO DE DIOS, LA PRUEBA QUE ENFRENTA SERVIRÁ PARA LLEVARLO A ALGÚN LUGAR MÁS PROFUNDO EN EL CORAZÓN DE DIOS.

Por consiguiente, esto significa que Dios pudo haber detenido cualquier crisis que usted haya enfrentado, o cualquier suceso en su vida que haya podido suscitar la falta de perdón en su corazón, pero Él no lo hizo.

Debo admitir que esta es una de las enseñanzas más difíciles de las Escrituras. No podemos desentrañar los intríngulis de cómo un Dios santo y soberano interactúa con un mundo pecaminoso para cumplir sus propósitos eternos. No obstante, uno de los versículos que tan bien conocemos y tanto repetimos, revela la esperanza que encierra esta verdad, una esperanza tal que nos basta como razón para perseverar aun a pesar de nuestro entendimiento limitado: "Y sabemos que a los que aman a Dios, todas las cosas les ayudan a bien, esto es, a los que conforme a su propósito son llamados" (Ro. 8:28).

Pero ¿cómo puede ser esto verdad? ¿Cómo podemos estar seguros? ¿Cómo es posible que algo tan malo pueda ser redimido o tener algún valor?

Al menos en parte, la respuesta descansa en el hecho de que aquellos "a los que antes conoció, también los predestinó para que *fuesen hechos conformes a la imagen de su Hijo*" (v. 29).

Si usted es un hijo de Dios, tenga por cierto que la prueba que enfrenta, no importa cuán mala, injusta o despiadada pueda ser o pueda haber sido, será usada en sus providenciales y expertas manos para llevarlo a buen término, a un lugar más profundo en el corazón de Dios, de mayor dependencia y confianza en Él, y a ser perfeccionado en su semejanza de Cristo.

Piense de nuevo en la cruz y en sus implicaciones para aquellos que sufren las viles consecuencias de vivir en un mundo caído, y que somos todos en alguna medida. En ella se cometió la más horrenda iniquidad jamás cometida en el universo, donde, en las justas palabras de los primeros creyentes, los hombres perversos "se unieron... contra tu santo Hijo Jesús... para hacer cuanto tu mano y tu consejo habían antes determinado que sucediera" (Hch. 4:27-28).

¿Quién habría planeado de antemano el Calvario? ¿Quién pudo prever algo bueno de semejante atrocidad?

Solo el Dios que podía ver de antemano la resurrección.

Y es el mismo Dios que ha medido el alcance de su dolor e injusticia, quien vigila de cerca la profundidad, la distancia y la altura de cada prueba que cada uno de sus hijos soporta, y quien no permitirá en su vida una sola circunstancia que obstruya o desvíe el eterno y amoroso plan que ha trazado para su vida.

Si ni siquiera el azote de la cruz le impidió completar el plan que tenía para su Hijo, ¿cómo puede alguna dificultad pasada o presente en su vida —tan mala como pueda ser— sobrepasar su deseo o su capacidad para completar el plan que Él tiene para usted?

Amado, Él incluso la usará para culminar su obra redentora y santificadora en y a través de su vida.

Tres lados del perdón

Tal vez la ofensa que más ha afectado su vida, aquella que viene de inmediato a su mente cuando piensa en la necesidad de perdonar, es una herida del pasado lejano, una experiencia de la niñez o un choque en la adolescencia. O tal vez es una batalla continua y persistente entre usted y su cónyuge, o con uno de sus hijos adultos, o un familiar, o un compañero de cuarto, o un colega del trabajo. Puede que se haya deteriorado tanto y haya progresado por tanto tiempo, que su relación con esa persona esté casi rota. El solo hecho de pensar en esa persona despierta en su interior la ira, la angustia y toda clase de emociones negativas. Usted evita a esa persona, y hace todo lo posible por ignorarla. Lo último que desearía es tomar el teléfono y llamarla. Usted sólo trata de no pensar en ello.

El apóstol Pablo, en la más corta de sus epístolas, nos presenta una situación con consecuencias pasadas y presentes, y en la cual se había causado perjuicio, se había acabado la confianza, y la acción de un solo hombre había causado un problema permanente.

Se trata de la historia de Filemón, un hombre de riqueza e influencia considerables que había conocido a Cristo en algún momento del ministerio de Pablo. Con el tiempo, el fruto de la fe cristiana de Filemón se hizo evidente en su vida. Pablo lo elogió como un hombre lleno de amor, que había abierto su hogar como lugar de reunión para la iglesia en su pueblo natal de Colosas. Sin lugar a dudas, este era un hombre de Dios consagrado.

Sin embargo, uno de sus esclavos, llamado Onésimo, había escapado no solo con su habilidad y trabajo sino también, al parecer, con una cantidad incierta de bienes robados. Al huir a Roma, ubicada a unos 1.900 kilómetros de distancia, Onésimo esperaba quizá perderse entre la muchedumbre y unirse a los miles de fugitivos que habían corrido el mismo riesgo.

Sin embargo, en la omnisciente providencia de Dios, Onésimo llegó a conocer a Pablo, quien estaba en Roma en ese momento bajo arresto domiciliario en espera del juicio. Tras su conversación, el evangelio dejó su huella. El esclavo de otro tiempo se entregó a Jesucristo. Y en vez de ser un fugitivo inútil, llegó a ser amigo y colaborador del gran apóstol Pablo.

Sin embargo, Pablo sabía que Onésimo no podía eludir para siempre la responsabilidad de lo que le había hecho a Filemón. Él debía volver, pedir perdón y buscar la reconciliación. Con el fin de ayudarlo a no caer en manos de los captores de esclavos, o de ser malinterpretado a su llegada a Colosas, Pablo lo envió con un acompañante para que lo protegiera... y también una carta explicativa.

Gracias a esa carta, podemos observar el desarrollo de esta historia.

Los tres personajes principales de esta narración permiten analizar tres "factores" en la ecuación del perdón. Es probable que en varios momentos de nuestra vida desempeñemos alguno de estos roles.

Primero, vemos a Onésimo, el ofensor, que ahora regresa

REFLEXIÓN PERSONAL

✤ ¿Hay algún pecado en su pasado que le impide "sentirse perdonado"? ¿Cómo hace posible (a) la cruz y (b) la fe que experimentemos sin reservas la realidad del perdón de Dios?

✤ ¿Qué tanto refleja su vida el corazón perdonador de Dios hacia los pecadores? ¿Hace usted que el evangelio sea creíble para otros por su manera de reaccionar ante aquellos que le hacen daño?

✤ Dedique un momento a meditar en la cruz. ¿Qué significa la muerte de Cristo para usted como un pecador? ¿Qué significa para usted la muerte de Cristo como alguien contra quien otros han pecado?

LA GLORIA DEL CRISTIANISMO ES CONQUISTAR

POR MEDIO DEL PERDÓN.

—*William Blake*

CAPÍTULO CINCO

EL ARTE DE PERDONAR

Pero ¿cómo?

Hemos dedicado la primera mitad de este libro a considerar algunas de las principales *razones* para perdonar. Sin embargo, como todo en la vida cristiana, perdonar a otros es mucho más que conocer el por qué y el cómo. La nuestra es una fe activa. Solo cobra vida y belleza cuando nuestros sustantivos se convierten en verbos.

La otra cara de "escoger perdonar" es el tipo de vida que Dios planeó para usted cuando envió a su Hijo para morir por su pecado: La libertad para bendecir a otros, para caminar libre de resentimiento y amargura, para gozar de una relación de confianza con Dios y con las personas a su alrededor, y más importante, para ser una manifestación viva y andante del evangelio y la gracia de Cristo.

Pero ¿cómo puede usted alcanzar todo esto? ¿Cómo puede

llegar al lugar donde el perdón puede hacer su obra sanadora en usted y en su ofensor?

> **Nuestra fe solo cobra vida y belleza cuando nuestros sustantivos se transforman en verbos".**

¿Cómo puede llegar a ser como la mujer que escribió: "He escogido perdonar a mi esposo por la relación sexual que tuvo con su novia antes de conocerme, y aunque me aferré a esa ofensa por cuatro años, ahora me emociona abrazarlo y decirle que ha sido liberado"?

¿Cómo puede liberarse de un problema que durante gran parte de su vida ha sido como una olla a presión a punto de estallar? Por ejemplo, alguien me dijo: "El Señor me ha permitido liberar a un prisionero que había mantenido cautivo por más de dieciséis años. Ahora Dios puede restaurar los años que devoraron las langostas".

¿Cómo se sobrepone a una ofensa tan arraigada en su corazón que ha determinado lo que usted es y su manera de afrontar la vida? Como la mujer que dijo: "Mis hermanos y mi padre abusaron sexualmente de mí desde que tengo memoria hasta que cumplí dieciséis años. Por eso permití durante años que los hombres abusaran de mi cuerpo. Nunca supe cómo tener una relación saludable con los hombres. Mantuve este odio por mucho tiempo en mi corazón. Pero he escogido soltarlo y entregárselo a Dios".

He visto que el Señor concede la gracia para perdonar en situaciones que parecen imposibles.

"El pasado febrero", —escribió una mujer—, "un vecino entró

por la fuerza a nuestro hogar y mató a mi esposo, me secuestró, me violó y luego se suicidó. Quedé sola con tres niños pequeños". Ella continuó diciendo que le daba "gran satisfacción esperar que él [su atacante] estuviera ardiendo en el infierno", y cómo "la única forma como podía enfrentar la situación era saber que él era castigado".

Dios comenzó a tocar su corazón en una conferencia de mujeres donde hablé del perdón. Ella sabía que el dolor la estaba matando. Sabía que necesitaba perdonar. Y una vez que lo hizo, pudo experimentar la paz de Dios y librarse del afán de saber lo que habría sucedido al fin con su asaltante. "Ahora soy libre. No sé si él está en el infierno o en el cielo. Pero sé que Dios está a cargo de todo y puedo alabarlo".

He observado cómo el Señor reconcilia y restaura relaciones entre personas que difícilmente soportarían reunirse en un mismo lugar. Recuerdo una vez cuando, cerca de terminar otra conferencia, dos mujeres querían contarme su historia. Eran suegra y nuera. La joven, con nueve meses de embarazo, estaba casada hacía cuatro años con el hijo de la otra mujer.

Sin embargo, a pesar de todos los años de conocerse, nunca se habían llevado bien. De hecho, su disgusto mutuo había crecido mucho. No sé si ellas pudieron alguna vez explicar la queja de cada una contra la otra, pero en realidad habían llegado al punto donde todo sobre la otra les molestaba.

Estoy segura de que usted sabe cómo puede pasar esto. Quizás le ha sucedido alguna vez.

Aunque esta suegra estaba en el comité de bienvenida de la conferencia, no había invitado a su nuera a asistir, y repuso: "Yo sabía que no vendría si la invitaba".

y he aquí la viga en el ojo tuyo? ¡Hipócrita! saca primero
la viga de tu propio ojo, y entonces verás bien para sacar
la paja del ojo de tu hermano" (Mt. 7:3-5).

Esto no es quitarle importancia a lo que su "hermano" pueda
haberle hecho. Es sólo que si usted no ha confesado su pecado, le
resultará difícil ser objetivo en cuanto al pecado del otro, o útil a
la hora de ayudarle a deshacerse del mismo. ¡Ni qué decir de ser
hipócrita!

Así que sea franco y cuestiónese: ¿El pecado de alguien ha
engendrado algún pecado en su vida? Entonces confiéselo, y si
es posible y pertinente, a la persona misma en cuestión. No lo
haga de tal forma que usted se justifique, ni inculpe al otro por
haberlo empujado a pecar; tampoco que lo conduzca a pecar aún
más alimentando su ira contra ella.

Lo que Dios dice es: "Asuma su propia responsabilidad". ¿Lo
ha hecho?

Si no, humíllese. Vaya y busque el perdón. Asegúrese de tener
limpia su conciencia.

Su elección

Una vez que ha identificado a aquellas personas que le han hecho
daño, y que su conciencia está limpia ante el Señor y ante ellas
—que usted ha buscado el perdón por todo lo que le ha hecho a
ellas, por contribuir a lo que sucedió o por reaccionar hacia ellas
con actitudes y conductas pecaminosas— es tiempo de tomar el
próximo paso, y quizá el más duro de su viaje.

(3) *Escoja perdonar de forma completa a cada persona que ha pecado
contra usted.*

Aquí es donde se pone difícil el asunto. Es ahí que todas las partes delicadas y heridas de sus emociones pueden clamar para protegerse y protestar. Y es donde el enemigo hará todo lo posible para impedirle cumplir con el mandato de Dios y llevar a cabo su cometido.

Pero es ahí donde tiene que ir si quiere ser libre.

Escoja perdonar a cada individuo (o grupo) que ha pecado contra usted. Borre todo su historial. Presione el botón de borrar. Libérelos de su custodia.

No es necesario que usted sienta ganas de hacerlo, ni que desee hacerlo. Pero si usted desea ser un hijo de Dios obediente, tiene que perdonar.

Es probable que cuando empezó a leer este libro y Dios puso de nuevo en su corazón la necesidad de enfrentar este asunto que ha invadido su vida por tantos años, usted ya sabía que tarde o temprano llegaríamos a este punto. No hay vuelta atrás a estas alturas del viaje hacia la libertad en Cristo.

"Perdonad, si tenéis algo contra alguno" (Mr. 11:25).

"Pero ¿qué hago si no me han pedido perdón? ¿Qué pasa si mi ofensor piensa que no hizo nada malo?"

Bueno, por desdicha, su renuencia a arrepentirse le impedirá recibir el perdón de Dios (el que más importa) y de tener una correcta relación con Él, y también limitará su capacidad para tener una relación restaurada por completo con usted y con otros.

Pero aunque la dureza de esa persona afecte su bienestar y sus relaciones hasta que enfrente y trate con sus pecados, y aunque esto pueda mantenerle cautivo, nadie puede obligarlo a usted a seguir como prisionero de su propio corazón, siempre que usted

Sin embargo, de alguna forma Dios le dio a esta descorazonada esposa la gracia para aferrarse a Él, para perdonar a su descarriado esposo y para seguir fiel amándolo, incluso en medio de su intenso dolor y de la aparente impenitencia de él por su pecado.

"Al principio *me sentía* incapaz de perdonar", —dijo ella—, "Mi reacción inicial fue de ira extrema, seguida de mucho dolor. Pero recuerdo que esa primera noche después de descubrir el romance, caí sobre mi rostro delante de Dios con una Biblia abierta y derramé mi corazón ante Él.

"No entendía por qué Dios permitía que esto me pasara, pero supe que tenía que haber pasado por sus manos amorosas antes de llegar hasta mí, y que Él quería usarlo de alguna forma para mi bien y para su gloria.

"*Escogí perdonar a mi esposo aquella noche,* aunque él no me lo había pedido, a pesar de que estaba toda temblorosa y casi aturdida por el dolor. Sólo podía pensar en Cristo en la cruz y en cómo Él le pidió a su Padre que perdonara a aquellos que lo asesinaban".

Y ¿qué resultó de todo esto? Una vez que ella escogió perdonar, ¿volvió su hogar a ser un lugar feliz, donde cada uno interactuaba de manera libre y esperaba con ansias los juegos de los viernes en la noche?

No. "En muchas ocasiones, durante los trece meses siguientes, yo me sentí devastada por algo que mi esposo hacía o decía en relación con su amante; sin embargo, Dios continuó capacitándome para mostrarle perdón, a pesar de que seguía viviendo en pecado.

"Nunca hubiera podido desarrollar esa clase de perdón. Soy débil y pecadora, y me di cuenta en aquellos tiempos difíciles de que Dios derramaba su gracia sobre mí para darme la capacidad de perdonar".

En medio de este doloroso proceso, al elegir mi amiga el camino del perdón, experimentó la presencia y el poder de Dios de una manera extraordinaria:

Algo asombroso sucedió en mi vida mientras seguía perdonando a mi esposo. Dios me dio una gran libertad y gozo en medio del dolor que experimentaba. De alguna manera Él me permitió ver la vivencia completa, no como algo para despreciar sino como un regalo para aceptar.

En términos humanos, esto no tiene explicación. Dios en realidad me permitió gozarme en mi sufrimiento y verlo como una oportunidad de sufrir a muy pequeña escala lo que Él sufrió cuando fue rechazado.

Estas no son las palabras de una maestra bíblica que trata teorías. No es alguien lo bastante alejado de la realidad como para contentarse con respuestas fáciles. Este es el testimonio de una mujer que ha estado allí, que sabe lo que se siente en esa situación, lo que cuesta, lo que significa... una mujer cuya fe ha sido probada en el horno de la aflicción y ha salido como el oro.

En el momento debido, Dios en su misericordia trajo a su esposo al genuino arrepentimiento y con gracia restauró su vida destrozada y su matrimonio, mucho antes de que ella pudiera prever el final o tener alguna certeza en su corazón de que él cambiaría algún día. Estoy segura de que eso nunca habría pasado si no fuera por el deseo de perdonar (y de perseverar en ello) de esta esposa herida.

Esta es la conclusión de su testimonio escrito:

Cuando escogemos perdonar a otros, aun si ellos no están quebrantados, Dios derrama libertad, gracia, paz, gozo, amor e incluso perdón en nuestro corazón. Cuando lo experimenta en carne propia, es algo que lo deja sin aliento. *Es algo que lo lleva a profundidades en su relación con Dios que nunca podría haber alcanzado excepto a través de este camino misterioso.*

¡Tremendo!

¿Se da cuenta de lo que esto significa? Cualquier situación por la que esté pasando, y sin importar lo grande o pequeño del daño causado, la opción de perdonar puede significar que sus días más preciosos con el Señor están justo por comenzar.

Sí, el perdón es sobrenatural. Sí, es algo que sólo Dios puede hacer. Sí, está muy lejos de nuestra capacidad como seres de carne y hueso. Pero si usted es un hijo de Dios, ha recibido el mismo poder que Él "operó en Cristo, resucitándole de los muertos" (Ef. 1:20) ¡Piense en esto! Eso significa que usted tiene en su interior el poder ilimitado de Jesús, la capacidad sobrenatural de cubrir con el perdón las ofensas "imperdonables". Por su poder conferido, usted puede perdonar a otros con la misma gracia y perdón que ha recibido de Dios por *sus* pecados.

Entonces ¡escójalo! ¡Hágalo! No espere a tener ganas o a entender en qué terminará todo esto. Al fin y al cabo, el perdón no es una emoción. Es un acto de su voluntad, un acto de fe. No albergue más la amargura, ni siquiera por un día.

Su asunto puede ser monumental, como algunos de los que ha leído en este libro, o peor. O puede parecer tan insignificante y pequeño al compararlo con otros que puede considerarlo poca cosa, y creer que está bien continuar con ese resentimiento que hierve a fuego lento.

Si la ofensa es tan grande que usted piensa *que no* puede perdonarla, o tan pequeña que no *tiene* que perdonarla, en cualquiera de los dos casos usted estará en prisión hasta que la deposite en el río purificador de la insondable misericordia de Dios, ¡y la deje... ir!

Esta es su voluntad para usted en Cristo Jesús. ¡Y usted puede escoger obedecerla!

Si aún no se ha zambullido en el océano de su perdón, clame a Él ahora mismo: "Oh, Dios, por causa de Jesús, como tú me has perdonado, yo escojo perdonarlo(a). Escojo perdonar a cada persona que ha pecado contra mí".

"¡Yo escojo perdonar!"

Reflexión personal

🌿 "Si sabéis estas cosas, bienaventurados seréis si las hiciereis" (Jn. 13:17).

SEA LO QUE SEA LO QUE ESPEREN, LOS HOMBRES PRONTO

LLEGAN A PENSAR QUE TIENEN DERECHO A ELLO: EL

SENTIMIENTO DE DECEPCIÓN PUEDE SER CONVERTIDO,

CON MUY POCA HABILIDAD DE NUESTRA PARTE, EN UN

SENTIMIENTO DE AGRAVIO.

—*Escrutopo a Orugario*
Cartas del diablo a su sobrino, C. S. Lewís

CAPÍTULO SEIS

Enojado con Dios

"En el proceso de Drusky contra Dios, Dios ha ganado".

Ese era el encabezado del reportaje de la agencia de noticias The Associated Press, fechado el 15 de marzo de 1999.

Y continuaba explicando: "El litigio de un hombre de Pennsylvania cuyo acusado es Dios, ha sido rechazado por un tribunal en Syracuse [NY]". Después de una larga batalla con su anterior empleador (llamado entonces U.S. Steel), Donald Drusky había culpado a Dios —de forma oficial— por fallar en impartir justicia en lo concerniente a su despido de la compañía unos treinta años antes.

"El acusado Dios es el gobernante soberano del universo", —decía la demanda—. "Y no tomó acciones correctivas contra los líderes de su iglesia y su nación por los gravísimos daños que arruinaron la vida de Donald S. Drusky".

De acuerdo con el reporte noticioso "el juez del distrito Norman Mordue rechazó el caso. Mordue decretó que el proceso judicial, —que además nombraba como acusados a los anteriores presidentes Ronald Reagan y George Bush, a las principales redes televisivas, a los cincuenta estados, a cada norteamericano, a cada juez federal y a cien de los ciento cinco miembros del Congreso—, era insustancial".

Tan ridículo como pueda sonar esto a las personas racionales, en un sentido la diatriba de Drusky sólo difiere en proporción a lo que escucho decir a muchas personas en estos días.

Cuando leo las cartas y los correos electrónicos que las personas envían a nuestro ministerio, y cuando oigo relatos de otras, uno de los temas recurrentes es este: "Estoy enojado".

"Enojado con mi esposo".

"Enojado con mis hijos".

"Enojado con mis padres".

"Enojado con mi pastor".

Y algunas veces, después que han pasado por todas esas instancias, escucho que expresan algo que está en realidad a la raíz del asunto:

"Estoy enojado con Dios".

Incluso personas piadosas como Gracia Burnham se sienten a veces tentadas a dirigir su resentimiento hacia Dios. Tal vez lo percibió en el capítulo anterior. Al mencionar las numerosas causas de su condición difícil cuando fue capturada como rehén en las Filipinas, ella señaló personas, citó nombres. Ella vio rostros, y luego apuntó a uno que si bien no podía ver, sentía que debía tener algo de responsabilidad en su sufrimiento: Dios.

Esto se evidenció en un aparte de su testimonio: "Incluso

culpé a Dios", —dijo ella—. "Porque... bueno, Él está en control de todo, ¿no es así?"

Después de todo, si se supone que Él es Todopoderoso, pudo haber detenido eso. Si se supone que Él es todo amor, pudo haber protegido mi corazón y haberme ahorrado este dolor. Pero no lo hizo. Él se volvió y decidió no hacerlo. Entonces ¿cómo puedo confiar en un Dios semejante, que permitió que algo así pasara en mi vida?

¿Ha dicho alguna vez palabras como estas, o al menos las ha pensado? ¿Ha llegado al punto en el cual enfurecerse contra su ofensor no basta? En su búsqueda de respuestas y justificaciones, ¿se ha vuelto más bien a apuntar su dedo al cielo y pedirle a Dios una respuesta por tratarlo de esa forma? O quizás no es tan evidente, sino más bien un resentimiento confuso y que hierve a fuego lento.

> ¿TENEMOS EN ALGÚN MOMENTO EL DERECHO DE ESTAR ENOJADOS CON DIOS?

¿Hay casos que permiten tales sentimientos y acusaciones? ¿Disculpa Dios tal insolencia de parte de las personas que creó? ¿Nuestra relación con Él admite el privilegio de expresarnos con tal franqueza?

¿Tenemos en algún momento el derecho de estar enojados con Dios?

Creer lo imposible

Bill Elliff, que ha sido un amigo por mucho tiempo, al igual que su esposa Holly, era un hombre adulto antes de soportar el desgarrador golpe de la traición de su padre. Hasta ese momento, él podría haberle dicho que sus años de infancia fueron casi vergonzosamente ideales. Mamá y papá eran el retrato viviente del amor y el compromiso. El servicio de su padre como pastor y líder denominacional no era una farsa. Su ministerio juntos evidenciaba gozo y gratitud genuinos, lo suficiente para inspirar a los tres chicos a convertirse en pastores, y a su hermana en la esposa de un pastor.

De hecho, Bill se había graduado ya del seminario, le iba bien en su llamamiento ministerial, e incluso meditaba a veces en lo bondadoso que había sido Dios con él, y en los pocos sufrimientos que él y su familia habían tenido que enfrentar.

Por ese tiempo, su padre había dejado las responsabilidades semanales del púlpito para brindar asesoría y supervisión a un gran grupo de iglesias de su denominación. Al aproximarse a la edad del retiro, había cumplido todas sus metas y algo más. Había vivido una vida plena, con la recompensa de sus años dorados por delante, listo para compartirla con la esposa de su juventud, la esposa a la que había sido fiel por más de cuatro décadas.

Esto fue, hasta que el techo se derrumbó.

Debido a la áspera interposición de un hombre, al padre de Hill se le negó una importante y final tarea ministerial que él anhelaba. En ese punto, en lugar de recibir la gracia de Dios para enfrentar la desilusión, permitió que la amargura y la falta de perdón echaran raíces en su corazón. En ese estado, empezó a aconsejar a una mujer en su oficina que luchaba con un matrimonio difícil.

Luego, este hombre, el único hombre del cual se podría decir sin más que era la última persona en el mundo de la cual esperaría esto, se dejó seducir y cayó en una relación inmoral.

Por supuesto que Bill no se enteró del asunto de inmediato.

La evidencia de la indiscreción de su padre comenzó a asomarse. Las sospechas se convirtieron en realidades que eran difíciles de ignorar o evadir. La evidencia se acumuló frente a sus obstinadas negativas. Al final, cuando parecía que era tiempo de saber la verdad, sus hermanos adultos fueron a la casa de sus padres sin avisar, hicieron la difícil y dudosa pregunta y confirmaron la dolorosa verdad.

Así comenzaron varios años de subidas y bajones emocionales desconcertantes. Allí estaba una preciosa esposa y madre, soportando la parte más personal y dolorosa de este vergonzoso acto de traición y rechazo. Aún así, al enfrentar los cambios impredecibles en el comportamiento y la mentalidad de su esposo, ella permaneció firme en su deseo de manejar este asunto según la voluntad de Dios. Sí, ella había sido herida, agraviada de forma cruel y absurda. A pesar de eso, eligió dejar que Dios consolara su corazón. Había escogido perdonar.

Para Bill, sin embargo, todo lo que conoció o creyó alguna vez —acerca de la vida, de su padre, de su llamado, de Dios— se desplomaba con tantas preguntas sin respuesta.

"¿Por qué permite Dios que esto pase? ¿No trataban ellos de servirle como familia? ¿Por qué no responde Dios nuestras oraciones, *ahora mismo*? ¿Cómo un Dios amoroso puede permitir que sus hijos sufran así? ¿Es Dios siempre fiel a sus promesas, o no?"

Un día, inmersa en esta prueba que parecía interminable, la madre de Bill regresó del mercado y no encontró a nadie en casa, excepto una nota colocada de forma cuidadosa sobre la mesa. Al final, todo había terminado en eso: Una excusa final y lamentable para una conclusión acorde. Como la última página de una novela que aún mantiene viva la esperanza de un giro positivo, ese solo pedazo de papel tradujo de manera triste y silenciosa los pensamientos más temidos de cada miembro de la familia.

Papá se había ido. Con la otra mujer. Y no quería regresar.

¿Por cuánto tiempo Señor?

Retomaremos la historia de Bill más adelante en este capítulo, pero quiero detenerme para analizar esta reacción bastante natural frente al dolor y la angustia, esta inclinación de llegar a enojarse y disgustarse con Dios cuando sufrimos daño o agravio.

He llegado a pensar que, en alguna medida, toda amargura se dirige en última instancia a Dios. Puede enmascararse con ira hacia una persona o grupo en particular que nos ha dañado, pero en realidad se extiende más allá de estos, muy por encima de ellos.

Parece que todos sabemos de manera intuitiva que el poder de Dios es lo bastante grande para resolver nuestros problemas, si Él quisiera hacerlo.

Así que cuando el daño se torna en amargura —cuando a la falta de perdón se le da suficiente espacio, tiempo y oxígeno para tomar vida por sí misma—, nos inquieta la idea de un Dios poderoso que no parece cuidarnos lo suficiente para intervenir en nuestra situación. Esto contradice todo lo que se nos ha enseñado creer acerca de su bondad y justicia, todo lo que hemos pintado en nuestra mente sobre un Dios justo que siempre arregla las cosas al final.

Incluso parece que se nos ha dado cierta licencia para sentirnos así cuando leemos las oraciones y clamores vehementes de los Salmos. No necesita una concordancia para encontrarlos.

La transparencia emocional de estos versículos casi salpica todas las páginas.

"¿Hasta cuándo, Jehová? ¿Me olvidarás para siempre?
  ¿Hasta cuándo esconderás tu rostro de mí?...
¿Hasta cuándo será enaltecido mi enemigo sobre mí?"
                    (Sal. 13:1-2).

"Todo esto nos ha venido, y no nos hemos olvidado de ti,
  y no hemos faltado a tu pacto.
No se ha vuelto atrás nuestro corazón,
  ni se han apartado de tus caminos nuestros pasos,
  para que nos quebrantases en el lugar de chacales,
  y nos cubrieses con sombra de muerte...

Despierta; ¿por qué duermes, Señor?
Despierta, no te alejes para siempre.
  ¿Por qué escondes tu rostro,
  y te olvidas de nuestra aflicción, y de la opresión nuestra?"
                    (Sal. 44:17-19, 23-24).

Tampoco Job temió algunas veces dejar a un lado la cortesía y enfrentarse a la aparente injusticia de Dios:

"Mas yo hablaría con el Todopoderoso,
  y querría razonar con Dios...
¿Por qué escondes tu rostro,
  y me cuentas por tu enemigo?"

                    (Job 13:3, 24).

¿Cuán lejos es demasiado?

¿Podemos ser sinceros con Dios? Por supuesto que sí.

¿Acaso no se nos anima a tener una ira justa contra el pecado, aun los pecados que cometen contra nosotros? Sí, así es.

Sin embargo, hay un punto en el cual nuestras preguntas sinceras hacia Dios cruzan la línea y se convierten en la expresión de un corazón orgulloso, insubordinado, exigente. La Palabra nos advierte acerca de permitir que incluso la ira justa se vuelva pecado: "Temblad, y no pequéis" (Sal. 4:4). En lugar de eso, el salmista exhorta a meditar "en vuestro corazón estando en vuestra cama, y callad. Ofreced sacrificios de justicia, y confiad en Jehová" (vv. 4-5).

Dios es Dios. Nosotros no.

Esta es en muchos sentidos la base de nuestra relación con Él. Más que eso, Él lo ama, lo valora, y obra en medio de esa horrenda situación que puede resultar difícil de creer aun si Él lo escribiera en el cielo con letras de nube y de humo.

En su inescrutable sabiduría y amor, Él es capaz de usar incluso las circunstancias más dolorosas que toquen su vida en este mundo caído para refinarlo y purificarlo, para hacerlo fructífero, y para exaltar su gracia y su gloria por medio de su vida. Yo sé que esto es a veces difícil de creer. Yo sé que a sus ojos parece imposible soportar ese dolor una semana, un día, o una hora más.

No obstante, creo que la ira contra Dios se desencadena cuando se tiene una visión defectuosa de Él, al creer que lo ignora deliberadamente, y que no le importa lo que le sucede a usted.

La verdad es que Él está atravesando esa situación con y por usted. Me gusta ese versículo en Isaías que con tanta ternura describe el trato de Dios hacia los hijos de Israel (aun cuando ellos estaban cosechando las consecuencias de sus elecciones pecaminosas): "en toda angustia de ellos él fue angustiado, y el ángel de su faz los salvó" (Is. 63:9).

Y en todos sus sufrimientos, Él sufre. Él está con usted, justo en medio de todo, y allí lo ayuda, lo ama, sufre sus mismas heridas. Allí lo conduce de vuelta a Él, más cerca de su presencia, lo hace más dependiente de su gracia y su poder.

Cuando usted llegue a conocer y a confiar en el corazón de Dios, será capaz de enfrentar la cruz —como lo hizo Cristo desde las inquietantes sombras de Getsemaní— y aún decir, con lágrimas en los ojos: "no se haga mi voluntad, sino la tuya".

Preguntas de "por qué" y "sí"

La suegra de Rut, Noemí, es un clásico ejemplo bíblico de este mismo dilema.

¿Alguna vez ha visto que su cónyuge toma una decisión imprudente, y luego descubre que sólo usted sufriría las más duras consecuencias a causa de ello? ¿Ha sido usted el único que parece haber pagado por el error de otro?

Entonces puede entender lo que dio lugar a la amargura en la vida de Noemí.

Durante un período de hambre en Belén, su pueblo natal, su esposo Elimelec tomó una decisión poco visionaria, por lo que llevó a su familia a vivir "por un tiempo" en Moab, el tiempo suficiente para que la crisis amainara (Rt. 1:1). Por desdicha, "un tiempo" se convirtió en muchos años. Y antes de poder concretar sus planes de volver a casa, Elimelec murió.

Para imposibilitar aún más su regreso a casa, y para

profundizar aún más sus indeseables raíces en una tierra pagana, sus dos hijos escogieron casarse con mujeres moabitas. Pero en los años siguientes la tragedia golpeó una... y otra vez... con la muerte de sus dos hijos, que dejaron dos jóvenes viudas sin otro hombre con quién casarse.

Y dejaron a Noemí sin familia.

En la bien conocida historia de su retorno a Belén con su nuera Rut, la Biblia registra la reacción del pueblo ante la mujer que se había ido con su esposo en busca de abundancia pero que había regresado más vacía que antes. No solo con las manos vacías, sino con su alma vacía.

"¿Es esta Noemí?" —se preguntaban uno a otros—. ¿Era la misma mujer alegre y feliz, entusiasta y complacida con su vida de esposa y madre... antes de que su esposo se la llevara lejos de todo su mundo conocido por seguir un plan arriesgado que solucionara sus problemas familiares? Al final, sin importar cuán cómplice pudo haber sido de sus planes de reacomodamiento, ella sentía que la decisión necia de su esposo la había arruinado. Hasta donde ella sabía, la vida había terminado.

Ella les decía: "No me llaméis Noemí" —un nombre que significa "placentera"—. En lugar de eso, dijo: "llamadme Mara; porque en grande amargura me ha puesto el Todopoderoso. Yo me fui llena, pero Jehová me ha vuelto con las manos vacías. ¿Por qué me llamaréis Noemí, ya que Jehová ha dado testimonio contra mí, y el Todopoderoso me ha afligido?" (Rt. 1:20-21).

¿Ve usted a quién culpa por su calamidad? Noemí y Elimelec habían hecho una elección. Si todo hubiera salido bien, es probable que se hubieran felicitado el uno al otro por ser muy listos e interpretar su situación con tanta precisión.

Pero todo *no* había salido bien. Y ahora Dios era el responsable.

¿Le ha sucedido algo parecido? ¿Ha descubierto que usted es víctima de sus malas decisiones o quizá las de otros? Pero en lugar de asumir la responsabilidad por eso o escoger perdonar al que lo confundió o maltrató, ¿decidió más bien enojarse con Dios por permitir que ocurriera este giro desafortunado sin avisarle, sin sacarlo del apuro, sin intervenir y detener todo cuando aún podía evitarse el desastre?

Es en este punto que algunos llegan a sugerir que es necesario "perdonar a Dios", como si Él hubiera cometido una falta y necesitara ser absuelto. *¿Nosotros? ¿Perdonar a Dios?* Piénselo. Aunque lo diga con un corazón que no tiene la intención de ofender o sobrepasarse, la sola idea raya en una blasfemia categórica. Pensar que tenemos ese tipo de poder sobre el justo y soberano Dios, es deshonrar su nombre e inflar nuestra importancia.

No, Dios no necesita nuestro perdón. Él nunca ha sido culpable de cometer errores. De hecho, lo que usted considera una cruel injusticia de su parte, puede en realidad volverse la mejor experiencia que jamás haya vivido. Sabemos bien, al menos, que por la omnisciente gracia de Dios se puede transformar para su bien, para la gloria de Él y para el progreso de su reino eterno.

Así que le pido que reconsidere lo que hay en el corazón de Dios, y entonces vea a alguien que tiene un plan más profundo y amoroso para su vida —aun en medio de esa dolorosa confusión— de lo que usted puede entender por sí mismo. Puede estar seguro de que si escoge someter su camino a Él en esta prueba de fe, su presencia y su provisión serán suficientes para usted. Él usará esta desilusión, esta angustia, esta circunstancia inimaginable para enseñarle, adiestrarlo y cumplir sus propósitos santos y eternos para su vida.

La opción de enojarse contra Dios sólo puede empeorar las cosas y retrasar aún más su sanidad.

¿Qué dice usted?

Noemí no entendió esto. Incluso la palabra que usó para referirse a Dios en su despliegue emocional —*El Shaddai*, "el Todopoderoso", aquel que es todo suficiente— sólo acentuaba la profundidad de su ira y desilusión. Ella pensaría: *"Claro, personas como ustedes pueden llamarlo Todopoderoso, todo suficiente, Jehová... todos esos nombres excelsos y que ustedes se inclinan a creer, pero no yo. En realidad, Él no tiene esos nombres en mi vida".*

Una amiga me contó el otro día acerca de una reciente conversación con su hermana, la cual había experimentado algunas pérdidas significativas y se estaba pareciendo mucho a Noemí. Aunque es una cristiana, ella siente que Dios le ha vuelto la espalda y ha traicionado sus expectativas acerca de Él, así que vive su propia vida, independiente de Dios, y toma decisiones que son contrarias a su Palabra. Aunque ella no lo quiere reconocer, su ira y amargura se han vuelto contra Dios.

¿Y usted? ¿Siente que Dios no ha hecho honor a su nombre en su vida? ¿Le ha parecido que Él es uno en los sermones y lecciones de la escuela dominical, pero otro cuando más lo ha necesitado?

Escuche sus propias palabras. ¿Qué dice acerca de Él? ¿Qué comunica su vida a otros sobre Él?

Lo único que Noemí atinó a decir fue lo terrible que Dios había sido con ella. En cuanto a usted, cuando las personas lo escuchan hablar del nombre del Señor, o describir su carácter, o su enojo por lo que le ha sobrevenido, ¿qué les inspira a creer acerca de Él?

Me conmovió mucho la carta que el pastor John Piper mandó a todos sus lectores, oyentes y amigos después que le diagnosticaron cáncer de próstata.[21] Incluso alguien como él, tan fundado en la Palabra y estable, podría haber reaccionado a esa clase de noticia sin gracia ni fe.

Pero él no lo hizo, por supuesto. Y sus palabras inspiraron mi corazón, como el llamado divino que atraviesa la inmensidad de la eternidad para recordarnos que debemos perseverar hasta el final de esta breve neblina que es el curso de nuestra vida, conscientes de que nuestro Padre celestial todo lo hace bien.

Después de comunicar su diagnóstico, Piper prosiguió:

Estas noticias han sido, por supuesto, buenas para mí. [Esta frase me paralizó: "Estas noticias han sido... ¿buenas para mí?" ¿No será un error de impresión? No... continué leyendo.] El mayor peligro en el mundo es el pecado de la confianza en uno mismo y el letargo de la mundanalidad. La noticia del cáncer tiene un asombroso efecto contundente en ambas. Le agradezco a Dios por eso. Los momentos con Cristo en estos días han sido especialmente dulces...

Dios ha planeado esta prueba para mi bien y para el de ustedes... Así que esta es mi oración: "Señor, para tu gran gloria, no permitas que me pierda alguna de las bendiciones santificadoras que tienes para mí en esta experiencia".

Cuando leí estas palabras, pensé: "¡Este hombre en realidad cree lo que predica! Y lo vive en medio del horno de fuego".

La perspectiva de Noemí era muy diferente.

Es indudable que había sufrido mucho. Había tenido que soportar muchas cosas de las cuales no era responsable. Sin embargo, en lugar de correr a Dios como su refugio, respondió a Él con amargura. Y la evidencia afloraba en su rostro.

Esto me recuerda el versículo que cité antes —Hebreos 12:15— acerca de la "raíz de amargura" que "os estorbe, y por ella muchos sean contaminados".

He visto muchas veces el daño que las "Noemís" pueden causarle a un matrimonio, a una iglesia, a un lugar de trabajo, a un ministerio, a una amistad, a una familia. Su amargura, su enojo hacia Dios y hacia otros es tóxica, aunque ellas son casi siempre las últimas en reconocer su amargura y lo que esta provoca en los demás. En su intento por curar sus heridas o ganar simpatía y comprensión, contaminan todo lo que las rodea.

Nuestra ira hacia Dios se convertirá de forma inevitable en un veneno que emana de nuestro corazón y se derrama, como le sucedió a Noemí. Lo que parece un asunto tan personal se nos vuelve imposible de contener. Créame, es algo que se nota.

Anhelos insatisfechos

Quizá su enojo con Dios proviene de un sueño que Él no le ha permitido realizar: Un ascenso que le dieron a otro menos capaz, un problema financiero que lo obliga a vivir muy por debajo del estándar de vida al cual estaba acostumbrado. Tal vez su ira con Dios viene de estar soltero en un mundo donde el matrimonio es la norma. El hecho de no tener hijos puede ser también una fuente de disgusto contra Dios. ¿Por qué se burla Él así de nosotros justo donde más nos duele? Y con todo, debemos aprender a aceptar lo que recibimos —o no recibimos— de Él. Debemos aprender a inclinarnos ante su soberanía.

Esto conduce a una elección: Culpar a Dios y reclamarle por su caprichosa crueldad, quejándonos e insistiendo en seguir nuestro camino. O confiar en que Él sabe lo que hace, que obra en nosotros para purificarnos y prepararnos para una vida de mayor servicio y utilidad, y que para ello se sirve de uno de sus mayores maestros —el tiempo— para ensanchar nuestro corazón y ampliar nuestra visión.

Este es el duro trabajo al que alude Isaías 26:3, la disciplina sumisa de hacer que nuestro pensamiento "persevere" en el Señor, confiando en Él en aquello que no podemos ver o entender, aspectos en los cuales debemos aprender a contentarnos con el misterio.

Los pilotos aéreos tienen que aprender a leer sus instrumentos de vuelo y a confiar en ellos. Cuando atraviesan una tormenta o tienen poca visibilidad, pueden desorientarse, su sentido de dirección se altera, y pueden confundirse fácilmente y tomar decisiones que ponen en riesgo sus vidas. En esas situaciones, tienen que hacer una elección consciente de creer en los instrumentos de vuelo, más que en sus instintos o sentimientos.

> MIENTRAS MÁS VIVA YO BAJO SU PROVIDENCIA, MÁS FÁCIL SERÁ CONFIAR EN ÉL RESPECTO A LOS MISTERIOS IRRESUELTOS DE LA VIDA.

Para los creyentes, la Palabra de Dios es nuestro tablero de instrumentos. Habrá momentos en nuestra vida cuando, en medio de "condiciones de poca visibilidad", nuestros sentimientos nos traicionen y contradigan su Palabra, insistiendo que Dios no nos cuida o que ha cometido un error. En ese momento, debemos elegir no creer en nuestros sentimientos sino confiar en que su instrumento nos dice la verdad.

Nacimos como personas gobernadas por nuestras emociones y sentimientos. Pero la Palabra dice: "Mas vosotros no habéis aprendido así a Cristo" (Ef. 4:20). Parte de la realidad de ser transformados en una nueva creación es que nuestros sentimientos no tendrán más acceso absoluto e incuestionable a nuestro interior, el "asiento del conductor".

De esta forma, entonces, las líneas que separan a los cristianos y no cristianos comienzan a bifurcarse. No es extraño que el incrédulo tenga poca opción aparte de enojarse con Dios cuando la vida lo golpea. Su estallido emocional carece de un patrón mayor o más convincente que lo confronte, de un instrumento estabilizador y objetivo que le permita ampliar su perspectiva del asunto y dirigir su respuesta.

En cambio, gracias a nuestra redención, es decir, a que hemos sido perdonados, la gracia de Dios nos capacita para extinguir nuestra ira abrasadora, emocional, humana, bajo la confianza legítima en los propósitos amorosos y eternos de Dios para nuestra vida.

Mientras más viva yo bajo su providencia, más fácil será confiar en Él respecto a mis anhelos insatisfechos y a los misterios irresueltos de la vida; más capaz soy de amarlo y adorarlo con gozo, y de contentarme con lo que Él provee, y con más paciencia puedo esperar aquel día en el cual la fe será vista y todo lo que no tiene sentido para mi limitado marco de referencia será esclarecido.

Perdón extremo

En términos humanos, la madre de Bill Elliff tenía todos los motivos para permitir que una raíz de amargura brotara en su corazón, por la forma como su esposo pecó contra ella. Luego, como si no hubiera sufrido bastante, menos de un año después que su esposo abandonara el hogar, ella contrajo la enfermedad de Alzheimer. Otra razón posible para estar enojada con Dios.

No puedo imaginar cómo fue en realidad ese año para ella (tal vez usted pueda). Sin embargo, puedo imaginar que en ese momento lo más fácil sería resentirse por las consecuencias de las acciones despiadadas de su esposo, pues ahora ella tenía que soportar la pérdida lenta y temible de sus modales y facultades, sin un cónyuge amoroso y comprensivo que la acompañara, que la levantara cuando cayera, que aminorara su vergüenza para disimular sus limitaciones crecientes a los ojos de todo el mundo.

Su matrimonio se había ido. Su salud se iría muy pronto. ¿Qué le quedaba para creer en Dios?

Un día Bill fue a visitar a su madre a un apartamento que la familia había alquilado para que él y su hermana pudieran estar más pendientes de ella. Todo estaba muy tranquilo, demasiado en calma. Y cuando él entró a la habitación de ella, pudo confirmar que algo estaba mal.

Su madre apenas vivía. La tomó en sus brazos, y la llevó de prisa al hospital más cercano, donde los doctores confirmaron que había sufrido un derrame cerebral. Antes de que terminara la tarde, había entrado en coma; los médicos manifestaron pocas esperanzas de que pudiera vivir más allá del fin de semana.

A pesar de eso, ella recobró la consciencia de forma inesperada una semana después; pronunciaba palabras que eran incomprensibles al principio, lo cual supuso un gran esfuerzo de parte de Bill y de su hermana para comprenderla. Solo una palabra estaba lo bastante clara para ser entendida, y ella la repitió tres veces:

Perdonar... perdonar... perdonar.

Al día siguiente, cuando su familia se reunió alrededor de su cama —algunas veces cantando, otras orando, otras leyendo las Escrituras o solo hablando de recuerdos con su mamá, que ahora tenía conciencia de lo ocurrido—, el teléfono sonó.

Era el papá de Bill.

La familia puso el auricular en el oído de su mamá... y escuchó cuando ella se esforzó para expresar en palabras su perdón y amor, el regalo de despedida lleno de gracia para este hombre que había herido su corazón pero que no pudo robar su confianza en un Dios bueno y amable. A la mañana siguiente, cuando un breve instante de lucidez le permitió expresar lo que sentía, le dijo a su hijo: "Billy, ¿no fue maravillosa la llamada de papá? Porque esta es la razón por la cual hemos estado orando, ¡que él pudiera volver al Señor!"

Luego esa noche, volvió a quedar inconsciente. Durante las cinco semanas siguientes, ella permaneció en un coma del que nunca regresó. Pocos días antes de partir al cielo, toda su familia se reunió una vez más alrededor de su cama: Sus hijos y su hija con sus cónyuges, sus nietos...

Y su esposo.

Desde que comenzó la prueba, la mamá de Bill se había dado cuenta de que nunca volvería a compartir su vida con el compañero de

ÉL CONOCE SU CORAZÓN. NO LO HA DEJADO SOLO.

tantos años. Sabía que su vida nunca sería la misma, nunca más. Pero mientras luchaba con sus emociones y con los desesperantes efectos de su trauma inesperado y tardío, llegó a un punto de rendición en el cual le dijo al Señor: "Lo único que quiero, Padre, es que tú recibas gloria".

Ella pudo haber escogido la ira, que hubiera sido la respuesta natural. Pudo haber dejado atrás a Dios y no recibir lo que Él ofrecía. Es probable que algunos de sus amigos hubieran estado de acuerdo.

En vez de eso, ella se entregó a los propósitos de Él y pudo ver su cumplimiento.

Y ¿qué de usted? ¿Su vida tiene algo de lo decepcionante e inaceptable que le sobrevino a Bill, a sus hermanos y a su mamá? ¿Ha querido gritar su ira contra Dios con los dientes apretados y dando golpetazos a las puertas de los cielos, que parecen haberse cerrado a su corazón y a su vida con absoluta frialdad?

Escuche lo que Dios le preguntó en dos ocasiones a su resentido profeta: "¿Haces tú bien en enojarte tanto?" (Jon. 4:4, 9).

Amado, Él conoce su corazón. No lo ha dejado solo. Y si confía en su soberanía, sabiduría, bondad y amor, usted también podrá un día ver la dulce restauración de todas las cosas por las que ha orado.

Pero aun si esto no ocurre, usted encontrará un refugio en su voluntad y en su cuidado, un lugar bendito al que sólo llegan quienes confían en el corazón de Él y siguen confiando a pesar de la oscuridad que los rodea.

✤ ¿Ha experimentado alguna herida, desilusión o anhelo insatisfecho que lo ha llevado a cuestionar la bondad, la sabiduría o el amor de Dios? ¿Cómo ha respondido a esto?

✤ ¿Qué comunica a otros acerca de Dios su respuesta característica frente a la adversidad?

✤ "La ira contra Dios se desencadena cuando se tiene una visión defectuosa de Él". ¿Qué pasos debe dar usted para desarrollar una perspectiva más acertada de Dios y para profundizar su confianza en Él?

El cristianismo no considera el pecado con ligereza... Por el contrario, toma con tanta seriedad los pecados cometidos contra nosotros que, para repararlos, Dios entregó a su único Hijo para que sufriera más de lo que nosotros jamás podríamos hacer sufrir a otro por lo que nos ha hecho.[22]

—*John Piper*

CAPÍTULO SIETE

QUÉ ES EL VERDADERO PERDÓN Y QUÉ NO LO ES

Espero que en el transcurso de su lectura, el Señor haya hablado en realidad a su corazón acerca de la importancia y el imperativo de perdonar. A medida que usted recuerda las situaciones específicas que han hecho del perdón la decisión más difícil de su vida, yo oro para que no sólo haya visto las profundidades de su pecado que Dios ha perdonado por causa de Jesús, sino también el profundo pozo de su gracia que puede incluso ahora suplirle todo lo que necesite para mostrar misericordia a otros.

Está a su alcance. *Él está* ahí, si usted escoge perdonar.

Es posible que aun después de leer las Escrituras y de examinar los conceptos que hemos estudiado, a usted todavía le parezca que el perdón es demasiado doloroso y difícil de considerar. O quizás, a decir verdad, a usted le interesa más alimentar sus heridas y saborear su resentimiento que soltar la ofensa. Ambas actitudes demuestran que usted no está listo para perdonar. Si este es su caso, me siento obligada a dirigirle una amorosa pero seria palabra de advertencia.

Su renuencia a confiar en Dios y a obedecerle en este asunto —aun si se debe más al agotamiento y al instinto de conservación que a la dureza de corazón— mantendrá contaminada la atmósfera de su vida con el veneno de la amargura. Puede que a diario no sea consciente de sus efectos nocivos, pero esto cortará el caudal de la gracia de Dios en su vida. Satanás lo usará como punto de apoyo para ganar terreno sobre usted, para acusarlo como prueba de que usted no es todo lo que profesa ser y de que Dios no es tan fuerte y amoroso con usted como había pensado.

Esto no significa que lo que han hecho contra usted no sea terrible. Pero en realidad no hay bienestar en la falta de perdón. No lo reconforta. No lo lleva a ningún sitio. ¿Por qué dejar que esto lo devore en vida cuando la fuerza de Dios está tan cerca y tan lista para traerle consuelo?

Dicho esto, me doy cuenta de que muchas personas que en realidad quieren perdonar, han aceptado mitos y conceptos equivocados que han estorbado sus mejores intentos de seguir adelante. Han malinterpretado la forma como debe ser, verse y sentirse el perdón. Como resultado, su viaje a la libertad se ha truncado.

En este capítulo veremos cuatro mitos que se disfrazan de verdad en el área del perdón. Hay otros, por supuesto, pero estos parecen ser algunos de los más confusos y que gozan mayor credibilidad. Si usted ha caído en alguno de estos errores acerca del perdón, verá cómo la luz de su Palabra disipa la niebla y usted puede empezar a caminar libre en Dios, con su cabeza erguida y sus brazos sostenidos por su asombrosa

EL PERDÓN NO PUEDE DEMOSTRARSE POR NUESTROS SENTIMIENTOS.

fuerza. Su corazón latirá de gratitud por la abundante gracia de Dios manifestada en su vida.

No siento como si hubiera perdonado

Quizás usted se ha dejado confundir por esta conocida suposición: (1) *que el perdón y las sensaciones agradables siempre van de la mano.*

Tal vez usted ha confiado de forma genuina y sincera en Dios para que lo ayude a perdonar a su ofensor; le ha entregado su corazón, ha rendido su ser ante Él, ha renunciado al derecho de castigar a aquel que lo hirió. Pero entonces el teléfono suena. Llega la fecha de su cumpleaños. Se exaltan los ánimos cuando aquella persona vuelve a manejar situaciones similares con la misma insensibilidad.

Y sus emociones comienzan a avivarse de nuevo.

Es entonces que muchas personas concluyen: "Supongo que en realidad no lo he perdonado, porque si lo hubiera hecho, ya no me sentiría así".

Sin embargo, el perdón no puede demostrarse por nuestros sentimientos, y tampoco puede ser motivado ni autorizado por ellos. El perdón es una elección. Y con frecuencia los sentimientos no lo son. Es posible perdonar a alguien de forma correcta —a la manera de Dios— y aún tener pensamientos que pasen por su mente y contradigan por completo la decisión que tomó.

seguridad. Él es capaz de rescatarlo "de la boca del león" y liberarlo de la asfixiante falta de perdón, tal como lo hizo con Pablo. Sin embargo, Él ha dispuesto algo más para usted que verlo feliz y complacido. Su plan, su pasión por transformar personas por medio del poder del evangelio es también el llamado para usted. Y el testimonio acerca de su perdón será un medio como Él lo llevará a cabo.

(3) *Pablo aprendió el secreto del dominio propio.* Aunque no es una cualidad que se menciona mucho hoy día, si aprendiéramos a ponerla en práctica a diario podría convertirse en nuestra mayor arma para evitar la falta de perdón.

"Dominarse" significa mostrar control, ser paciente frente a la provocación, ser sufrido y estar dispuesto a tolerar las acciones u omisiones de las personas, para ignorarlas.

La templanza es en realidad un subproducto del amor, la clase de amor que cubre "multitud de pecados" (1 P. 4:8), o como Pablo lo expuso con tanta elocuencia en 1 Corintios 13: Un amor que "no se irrita, no guarda rencor... Todo lo sufre, todo lo cree, todo lo espera, todo lo soporta" (vv. 5, 7).

Echémosle una ojeada a esto en la vida real:

- ✤ Su esposo no se da cuenta de algo especial que usted hizo para él.
- ✤ Sus hijos adultos no llaman con tanta frecuencia como quisiera.
- ✤ Su jefe lo culpa por algo que hizo un colega suyo.
- ✤ Su suegra dice algo que hiere sus sentimientos.
- ✤ Alguien pasa por su lado en la iglesia sin decir una palabra.
- ✤ Es obvio que sus padres piensan que usted está loco porque va a tener otro hijo.

🍀 Alguien de la iglesia le pregunta cada semana: "¿Ya encontraste trabajo?"

🍀 Un automovilista casi lo atropella por estar hablando por su teléfono celular.

¿Qué hace usted? Se contiene. Lo pasa por alto.

De acuerdo, algunas ofensas deben ser confrontadas y enfrentadas. Pero muchas otras —de hecho, la mayoría— solo deben pasarse por alto y dejarlas ir. (Nuestro problema es que, por regla general confrontamos los pecados que debemos ignorar y olvidamos aquellos que debemos confrontar).

La falta de dominio propio en nuestros hogares y en las situaciones cotidianas nos lleva a exagerar las ofensas, "hasta que el huevo [de una mosca] llega a ser más inmenso que el que un avestruz haya puesto jamás", como dijo Carlos Spurgeon.[23] Esto aumenta la tensión e intensifica el conflicto,

> EJERCITAR LA PACIENCIA EN SITUACIONES MENORES ES UNA PRÁCTICA IMPORTANTE PARA EXTENDER EL PERDÓN A LOS ASUNTOS MAYORES.

levanta muros en las relaciones, rompe las amistades y nos hace mezquinos y rencillosos. Estoy convencida de que muchos divorcios podrían evitarse si uno de los cónyuges simplemente practicara la gracia del dominio propio. Muchas tensiones e incomprensiones en el lugar de trabajo desaparecerían si aprendiéramos a ser tolerantes unos con otros.

Ejercitar la paciencia en situaciones menores y cotidianas constituye una práctica y una preparación importante para extender el perdón a los asuntos mayores que de seguro surgirán.

De los sorprendentes relatos de perdón que oímos o leemos sobre la vida de personas comunes que han padecido circunstancias extremas de presión, dudo que ellas hayan desarrollado repentinamente esa formidable capacidad para perdonar. Creo más bien que desde un principio han practicado el perdón y el dominio propio en los pequeños contratiempos de su diario vivir.

La mujer que perdona al hombre que la violó y la dejó no solo embarazada sino infectada con el VIH y aún así dice: "Cada vez que sentimos dolor, necesitamos perdonar de nuevo".

El hombre que observó cuando otro le disparó a su padre y lo dejó herido de muerte sólo por quitarle unos pocos dólares en la billetera, pero que un día saluda aquellas manos atacantes y declara: "Te perdono... ya pasó".

La madre que después de ser atropellada por un conductor que maneja sin licencia y con exceso de velocidad, que mata a sus dos hijos y la deja grave, y cuyas primeras palabras a su esposo tras volver del coma inducido por los medicamentos, son: "¿Lo perdonaste?"

Estos actos heroicos no pasan porque sí. Más bien, son casi siempre confirmados en personas que sabían lo que significaba perdonar mucho antes de enfrentar esa situación extrema.

Usted también puede ser una de esas personas.

Hace cincuenta años

Mientras escribía este libro, el mundo cristiano conmemoró el aniversario número cincuenta del martirio de cinco misioneros asesinados por los indios aucas (ahora conocidos como *waodaní*) en las selvas de Ecuador. El nombre que por lo general viene a nuestra mente al pensar en este suceso es el de Jim Elliot, cuya viuda, Elisabeth, llegó a ser alguien muy querido para nosotros por medio de su ministerio escrito y hablado.

Cerca de la fecha de la conmemoración, tuve la oportunidad de conversar con Steve Saint, cuyo padre, Nate, estuvo también entre los martirizados aquella trágica tarde en una ribera suramericana. Él me llevó de nuevo a aquellos días sombríos y me dejó algunos pensamientos e impresiones que no olvidaré fácilmente.

Quizás usted entiende lo que se siente perder a un padre a una edad temprana. Yo sólo puedo tratar de imaginar cómo sería el nivel de angustia y sus secuelas. Cuando Marge Saint le dijo a su hijo de cinco años que su padre no volvería, él sintió, por supuesto, la insondable tristeza que sólo una pérdida de ese tipo puede producir.

Sin embargo, al preguntarle a Steve, cincuenta años después de lo sucedido, si alguna vez había luchado con la amargura hacia los asesinos de su padre, él respondió: "Seguí el ejemplo de mi mamá y las otras cuatro viudas. Nunca, jamás escuché a una de ellas insinuar siquiera que Dios había cometido un error o que *ellos* se habían equivocado". Estas mujeres fueron un modelo de profunda confianza en Dios que fue evidente incluso para sus hijos pequeños.

De hecho, al crear un guión cinematográfico para una versión de la historia, los guionistas insistieron en mostrar la ira y angustia de Steve como ellos imaginaron que se hubieran sentido al encarar esta tragedia personal. En un momento, Steve declaró:

"Oigan, eso no fue cierto. Yo nunca odié a esas personas. Nunca quise vengarme".

A lo que ellos respondieron: "Sabemos que eso es verdad, Steve, pero solo porque tu mamá, las otras mujeres y tus abuelos confiaban en Dios. Esa era tu herencia familiar, pero la mayoría de las personas en el mundo no la tienen".

Al reflexionar en esa conversación, Steve me dijo: "Creo que ellos tienen razón. Pero la realidad para mí fue que yo no entendí por qué los waodani hicieron eso, y que tampoco supe cómo crecería y me convertiría en padre sin tener uno que me enseñara a serlo. Sin embargo, creí que Dios haría un camino y que tenía un plan. Cincuenta años después, todavía creo que Él tiene un plan".

Es asombroso. El poder del perdón. El poder de la fe de aquellas jóvenes viudas, quienes de forma tan obvia y comprensible pudieron haberse consumido por la autocompasión, y que en lugar de eso fueron usadas por Dios para proteger a sus hijos y evitar que transmitieran resentimiento a la próxima generación.

Tenemos la misma responsabilidad por nuestros hijos y por otros que observan nuestra manera de vivir. ¿Qué clase de legado está dejando a sus hijos y a sus nietos? Si ellos toman ejemplo de la forma como lo ven responder ante el dolor, la desilusión y la pérdida, ¿cómo responderán a las tragedias de la vida? ¿Cómo están moldeando sus respuestas la visión que ellos tienen de Dios? ¿Ha considerado usted el efecto que su espíritu perdonador (o de amargura) tendrá en las generaciones futuras?

¿Tragedia sin sentido?

Es asombroso que algunas de aquellas viudas y sus familiares regresaron a la selva a ministrar a los mismos que habían cometido la masacre, y fueron usados como instrumentos para llevar el evangelio a quienes tomaron las lanzas y de forma cruel terminaron con la vida de sus amados.

Años después, uno de los hombres que asesinó a su padre tendría la oportunidad de ministrar a Steve cuando enfrentó una crisis de otro tipo.

Stephenie, la hija de Steve —la menor de sus cuatro hijos—, acababa de regresar después de un año de gira con Juventud para Cristo como pianista de un grupo musical. Aunque al principio no le agradó la idea, al fin Steve le había dado su bendición a Stephenie para que tomara el año fuera de la universidad, consciente de que ella llevaba un legado misionero, una pasión contra la cual no era fácil luchar. Él y su esposa extrañaron muchísimo a su hija, y cuestionaban los riesgos que podría enfrentar. Sintieron descanso cuando ella bajó del avión y regresó por fin a su casa.

Por fin su hijita había regresado.

Durante la "fiesta de bienvenida", ella se apartó a su habitación, quejándose de un dolor de cabeza. En algún momento, su madre, Ginny, llamó a Steve para decirle que Stephenie tenía bastante dolor y que quería que él viniera para orar con ella.

Agradecido (en realidad) por la oportunidad para estar a solas con su esposa y su hija, corrió a la habitación. Ginny cargaba a Stephenie en su regazo como una niña pequeña. Steve las abrazó y oró a Dios que quitara el dolor de cabeza de Stephenie.

Mientras oraba, escuchó un leve sollozo que venía de su hija. Miró su rostro y vio que los ojos de ella se pusieron en blanco. Tenía una hemorragia cerebral masiva.

Cuando llegaron al hospital, ella estaba muerta.

"No sabía lo que estaba sucediendo", —dijo Steve—. "Incluso tenía la idea de que si hacemos lo que Dios nos pide, entonces Él está obligado a jugar bajo nuestras reglas. Sé que esto no es así pero es tentador creerlo".

Fue tentador también para Mincaye, el amigo que se sentó junto a Steve y Ginny en el hospital, el hombre que muchos años antes había empuñado el arma asesina contra el cuerpo de Nate Saint. "¿Quién está detrás de esto?", —preguntaba él—. "¿Por qué tiene que morir?"

Pero cuando la realidad de todo esto comenzó a develarse frente a ellos, este guerrero de la selva amazónica —quien al principio había querido defender a Stephenie del equipo médico y de la ambulancia, de las miradas y los sonidos que él no podía comprender— fue el primero que dio voz a lo que llegaría a ser su mayor consuelo. "Es Dios", —dijo él—. "¿No se dan cuenta de que es Dios mismo quien hace esto?"

"Y en ese momento" —me decía Steve mientras se enjugaba las lágrimas—, "cuando la vida de mi única hija, a quien amaba con todo mi corazón, se extinguía, el abuelo Mincaye, el hombre que asesinó a mi padre, puso sus brazos de fe alrededor de mí y me ayudó a aferrarme a ese legado que había recibido y a pasarlo a la siguiente generación. No siempre entendemos, pero Dios tiene sus razones".

Confianza total. Se cumple el ciclo. Y todo gracias a cinco mujeres valientes que enfrentaron circunstancias indescriptibles conforme al designio de Dios, y cuyo legado continúa rindiendo los frutos que sólo Dios puede dar.

¿Quién pudo haber imaginado el alcance del propósito divino que yacía en aquella atrocidad original, el día en que el grito de guerra trajo la muerte a orillas de una pequeña ensenada de la selva ecuatoriana? Con todo, ¿cuántos han llegado a la fe, o han sido movidos a ser misioneros, o inspirados hacia actitudes imperecederas de sacrificio agradecido por causa de esos cinco hombres que perdieron su vida de una manera al parecer tan absurda?

No, no podemos entender los propósitos de Dios, incluso cuando ocurren justo frente a nosotros. No obstante, podemos saber que Él tiene un plan, y que su deseo es usarnos para que éste se cumpla a lo largo de las generaciones.

Sólo si confiamos en su corazón... si perdonamos.

REFLEXIÓN PERSONAL

❧ Identifique alguno de los cuatro "mitos" que se explican en este capítulo y que le hayan impedido extender un perdón completo.

❧ ¿Ha aprendido el secreto del dominio propio? ¿Qué situaciones enfrenta ahora que precisan ejercitar la templanza?

❧ ¿Qué tipo de herencia le está dejando a la próxima generación en relación con el perdón?

EL PERDÓN LIBERA GOZO. TRAE PAZ. DEJA LIMPIA LA PIZARRA. ACTIVA LOS MÁS ALTOS VALORES DEL AMOR. EN UN SENTIDO, EL PERDÓN ES EL CRISTIANISMO EN SU MÁS ALTO NIVEL.[24]

—*John MacArthur*

CAPÍTULO OCHO

DEVOLVER UNA BENDICIÓN

Mitsuo Fuchida fue el piloto que dirigió el ataque japonés a Pearl Harbor. Era un aviador audaz y experto, seleccionado especialmente para ese papel dominante, y quien dio la orden: *¡Tora! ¡Tora! ¡Tora!* a los 360 aviones de combate que volaban a su lado.

A la matanza de 2.300 marines norteamericanos la denominó: "La hazaña más emocionante de mi carrera".

Pero lo que la mayoría no sabe es que en 1949, menos de ocho años después de la ofensiva en Pearl Harbor, este osado bombardero llegó a creer en Cristo.

Dios utilizó dos acontecimientos notables para dar lugar a esta conversión "improbable".

El primero vino poco después de la guerra, mientras Fuchida hablaba con un amigo que había sido uno de los japoneses capturados y detenidos en los Estados Unidos. Curioso por oír cómo los norteamericanos habían tratado a sus prisioneros, oyó el relato de su amigo acerca de una voluntaria de dieciocho años que no había cesado de cuidar y atender las necesidades de los japoneses. Cuando los prisioneros le preguntaron por qué era ella tan servicial con ellos, ella respondió de repente y de forma ilógica: "Porque los soldados japoneses mataron a mis padres".

Los padres de esta joven habían sido misioneros en Japón cuando aumentaron las hostilidades internacionales que condujeron a la Segunda Guerra Mundial. Después de ser juzgados como espías, fueron decapitados después de escapar a Filipinas. Su hija, que sólo supo la noticia tres años después de haber sido evacuada a los Estados Unidos, había reaccionado a la noticia de forma natural, con amarga tristeza e ira. Pero como conocía a sus padres, al final llegó a la conclusión de que ellos habrían perdonado a sus asesinos. Ella lo sabía. Por consiguiente, debía perdonarlos también. Y no solo perdonarlos, sino devolverles bendición. Y por eso estaba allí en los campamentos, dijo ella, amando a sus enemigos.

Esta idea dejó pasmado a Fuchida. ¿Cómo podía alguien responder así al asesinato de sus padres? Luego, varios años después, él recibió un pequeño folleto mientras esperaba en una estación de tren. Aunque era más probable que él lo tirara, despertó su interés el hecho de que había sido escrito por otro aviador. La historia del sargento Jacob DeShazer *"Yo fui un prisionero en Japón"*, fue el primer relato de un piloto norteamericano que fue obligado a lanzarse en paracaídas desde su avión durante los bombardeos de la incursión Doolittle sobre Tokio, como represalia por el ataque a Pearl Harbor.

DeShazer fue capturado de inmediato por los militares japoneses. Él describió los siguientes tres años como una pesadilla interminable de tortura y hambre, de incesantes ejecuciones que acabaron con la vida de sus compañeros detenidos, y del confinamiento solitario que redujo su espacio al mínimo al tiempo que inflamó y aumentó su odio.

Sin embargo, durante dos años de su cautiverio, recibió algunos libros para leer bajo los destellos de luz que llegaban a su celda y, entre ellos, había una Biblia. Como luz en la oscuridad, la Palabra penetró en su corazón, en especial el versículo que hablaba de forma tan específica acerca de su situación presente: "Amad a vuestros enemigos".

Transformado por la gracia de Dios, DeShazer resolvió empezar a hablar a sus captores en un tono respetuoso, aun cuando su trato hacia él era cruel y degradante. "Oré para que Dios perdonara a mis verdugos", —escribió en el folleto—, "y resolví con la ayuda de Dios hacer mi mejor esfuerzo para presentar a estas personas el mensaje de salvación".

> EL PERDÓN SUPONE MUCHO MÁS QUE LA SIMPLE LIBERACIÓN DE NUESTROS OFENSORES.

Fuchida leyó la historia de DeShazer con asombro, y entonces corrió a comprar una Biblia para buscar él mismo la verdadera fuente de donde provenía este extraño mandamiento: "Amen a sus enemigos".

La historia termina cuando Fuchida se encuentra con Cristo,

se vuelve un evangelista e incluso forma equipo con DeShazer para hablarle a grandes multitudes por todo Japón y Asia, lo que condujo a ambos hombres a una amistad, y a muchos a la salvación.[25]

Y todo esto sucedió gracias a dos personas que no cesaron de perdonar sino que fueron "más allá". Dos personas que recibieron daño y devolvieron amor.

Sellar el trato

He conversado con personas que creen que han perdonado de verdad a sus ofensores y han presionado la tecla de borrar, pero que aún se sienten atrapados emocionalmente. Cuando piensan en esa persona, todavía se sienten atados. No han podido avanzar con paz o libertad. Algo todavía los detiene.

La Palabra de Dios nos da una importante clave para recorrer todo el camino del perdón. Este supone mucho más que la simple liberación de nuestros ofensores; debemos además extender la gracia de Dios y construir puentes de amor devolviendo bendición por maldición, bien por mal.

¡Pero yo lo he perdonado! No guardo rencor. Lo felicito por haber dado el valiente paso de liberar a su(s) ofensor(es) del control de su propia ira y venganza.

Pero déjeme decirle que hay más... Dios quiere que usted viva en la clase de libertad que irradia su luz y amor desde la sonrisa y su apretón de manos hasta la misma planta de sus pies.

El verdadero perdón va más allá de decir: "Lo he perdonado". Como lo explicó el pastor puritano del siglo XVII Thomas Watson:

¿Cuándo perdonamos a otros? Cuando luchamos contra todos los pensamientos de venganza, cuando no hacemos daño alguno a nuestros enemigos, sino que les deseamos el bien, nos dolemos por sus calamidades, oramos por ellos, buscamos la reconciliación y nos mostramos siempre dispuestos a ayudarlos. Este es el perdón del evangelio.[26]

¡Esa es una norma elevada! Estamos llamados a perdonar a otros como Dios nos ha perdonado. ¿Cómo nos ha perdonado Él? No solo le dice "estás perdonado". Él dio la vida de su Hijo por nosotros cuando éramos sus enemigos. Nos buscó cuando no queríamos estar con Él. Nos adoptó en su familia. Nos hizo coherederos con Cristo. Ha prometido nunca dejarnos ni desampararnos. Nos consuela y satisface nuestras necesidades; "cada día nos colma de beneficios" (Sal. 68:19). Esta clase de gracia pródiga e inmerecida constituye el ejemplo que debemos seguir a la hora de perdonar.

Perdonar a alguien es como quitar el cerrojo y abrir las ventanas para dejar que el viento fresco de la gracia de Dios comience su obra sanadora. Pero cuando damos el paso deliberado de bendecir a nuestros ofensores —de amar a nuestros enemigos— tenemos acceso a todo el poder del perdón.

Vuelvo a la historia de Gracia Burnham para ilustrar este poderoso principio. En un capítulo anterior relaté cómo ella y su esposo soportaron la prueba horrible de ser secuestrados y maltratados durante varios meses en los montes filipinos.

En su libro *Volar otra vez*, Gracia nos cuenta acerca de uno de sus captores, un joven al que llamaban "57" por el lanzacohetes M57 que siempre llevaba cuando partían en sus travesías. Siempre era hosco, malhumorado, siempre peleaba y los miraba como si en cualquier momento fuera a devorarlos. Ellos nunca sabían lo que él iba a hacer, ni cómo podían evitar ofenderlo fácilmente.

Pero el esposo de Gracia, Martin, descubrió un día que "57" sufría de intensos dolores de cabeza, que quizá provocaban gran parte de su exagerada irritabilidad. Así que Martin comenzó a ofrecerle pastillas para aliviar su dolor que tenía en su pequeño botiquín, y otras sustancias naturales.

"La actitud hacia Martin cambió al instante", —recuerda Gracia—. "A partir de ese momento, mi esposo fue su amigo".[27]

Un simple acto. Una pregunta atenta. Una aspirina. No obstante, llegar a esto exigió que Martin ignorara un millón de razones que lo movían a ser indiferente al dolor de cabeza de aquel hombre malhumorado, ¡e incluso para desear en secreto poder darle a todos sus captores un serio dolor de cabeza!

Sin embargo, escuche las palabras de Gracia años después de su cruel cautiverio, de haber visto el asesinato de su esposo como consecuencia de éste, de ser defraudada en todo lo que esperaba de la vida: "Hasta el día de hoy recuerdo con cariño a ese joven por lo que Martin hizo por él".[28]

Cerrar el asunto. Superarlo. Ser capaz de avanzar al día siguiente libre de la necesidad de retaliación y venganza.

No existe razón alguna por la que usted no pueda participar junto con Dios en obtener la victoria total y completa, incluso si pensamos en las situaciones más desgarradoras que usted haya enfrentado —situaciones "imperdonables" como decimos algunos—. Pero para lograrlo, usted tendrá que tomar en serio —y de forma literal— todo lo que Dios ha dicho al respecto, lo cual incluye algo que puede parecer inconcebible: *Bendecir a sus ofensores.*

Como indiqué en el capítulo anterior, Dios escoge a menudo dejar algunos de nuestros recuerdos dolorosos, sentimientos y efectos persistentes de heridas pasadas, para que podamos ser misericordiosos y compasivos hacia aquellos que pasan por pruebas similares. Este es en realidad un gran privilegio que nos concede un Dios que es más amoroso de lo que muchos esperan de Él, y que nunca ha visto una circunstancia tan horrible que no pueda transformar en un trofeo de su misericordia y su gracia.

> DIOS NUNCA HA VISTO UNA CIRCUNSTANCIA TAN HORRIBLE QUE NO PUEDA TRANSFORMAR EN UN TROFEO DE SU MISERICORDIA Y SU GRACIA.

Pero al decir esto, no pienso ni por un momento que usted deba vivir el resto de su vida bajo el peso y la carga de todas esas emociones no resueltas. Y la razón por la que muchos seguimos ahí y no nos hemos movido hacia una sanidad más completa en esas áreas... es que no hemos llegado al punto de bendecir de corazón a aquellos que nos han dañado.

Tenemos que seguir adelante. Debemos terminar lo que Dios ha comenzado... por nuestro bien, por el bien de ellos... y para la gloria de Dios.

Reescribir el agravio

Encontramos este principio de bendecir a otros en Romanos 12, no como un accesorio opcional, ni como un curso avanzado de la vida cristiana. Este pasaje es para usted y para mí, y para cualquiera que necesite la ayuda de Dios para perdonar completamente. Fíjese en la progresión:

Primero: "No paguéis a nadie mal por mal" (v. 17).

La Palabra es muy directa y clara. Dios le dice que no devuelva el mal que ha recibido de otros Ahora, *este es el trabajo de Él:*

"No os venguéis vosotros mismos, amados míos, sino dejad lugar a la ira de Dios; porque escrito está: Mía es la venganza, yo pagaré, dice el Señor" (v. 19).

Está bien, ya entendí esa parte. No debemos devolver mal por mal; la venganza es el trabajo de Dios, no el mío.

Pero hay más. Aquí está lo que nos corresponde hacer:

"Así que, si tu enemigo tuviere hambre, dale de comer; si tuviere sed, dale de beber... No seas vencido de lo malo, sino vence con el bien el mal" (vv. 20-21).

No pase por alto el increíble poder que contiene esta verdad. No sólo no tenemos que ser víctimas del mal que otros nos inflingen; en realidad podemos *vencer* el mal... ¡con el bien!

Quiero que usted repita el ejercicio mental de identificar a sus ofensores, los que le han causado dolor y pérdida, y a quienes ha sido más difícil tratar de soltar y perdonar. Y al pensar en ellos, quiero que retroceda hasta llegar a los sentimientos dolorosos aún latentes en su interior... y quiero que vea a esa persona como alguien en necesidad. Porque en realidad lo está.

Cuando esa persona lo hirió —ese cónyuge, ese novio, ese padre, ese ex esposo, ese compañero de habitación, esa tía o tío, ese extraño que vino de repente a estropear su vida— reveló que tiene una necesidad, una que él o ella quiso satisfacer indebidamente a costa de su bienestar.

¿En realidad quiere experimentar toda la libertad del perdón? Pídale a Dios que le muestre la verdadera necesidad que hay en la vida de su ofensor. Luego, pídale a Él cómo quiere usarlo para suplir esa necesidad.

Esto es exactamente lo que sucedió en la vida de José, que mencionamos al principio. Él fue maltratado por sus hermanos, por la esposa de Potifar, por el compañero de prisión que le había prometido ayudar a propiciar su liberación pero que a cambio se olvidó de él. Con todo, cuando José llegó al final de su prueba, cuando el perdón ya se había vuelto parte de su corazón, empezó por bendecir a los mismos hermanos que habían provocado todo ese sufrimiento.

Siempre me maravillo al leer cómo José respondió a sus hermanos que lo habían agraviado de forma tan profunda. Él se negó a devolver mal por mal. No quiso jugar el mismo juego de ellos. Aun así, no se conformó con una simple actitud no vengativa (al mostrar *misericordia*), lo cual ya es bastante duro. En lugar de eso, fue "más allá", al disponerse de manera activa e intencional a ministrar a las necesidades de ellos (extender la *gracia*):

"Ahora, pues, no tengáis miedo; yo os sustentaré a vosotros y a vuestros hijos. Así los *consoló*, y les habló al corazón" (Gn. 50:21).

¡Esto es sobrenatural! Este es el corazón redentor y restaurador de Cristo que nos alcanzó cuando merecíamos la ira de Dios y en lugar de eso derramó su gracia sobre nosotros.

Esta es también la esencia de las instrucciones de Pablo a

los corintios en relación con un miembro de la iglesia que había pecado y necesitaba en ese momento restauración: *"Perdonarle"*, *"consolarle"* y que *"confirméis el amor* para con él" (2 Co. 2:7-8).

¿Esto suena demasiado difícil en su caso? Debiera serlo. Es demasiado difícil. Si en algo necesitamos que el Espíritu Santo nos habilite para obedecer a su Palabra, es en esto. Las personas que intentan llevar vidas sin la ayuda de la gracia y la salvación de Dios no tienen una oración para poder hacer lo que exigen estos versículos. Pero usted sí la tiene. De otra manera, Jesús nunca hubiera tenido razón alguna para decir:

> "Amad a vuestros enemigos, haced bien a los que os aborrecen; bendecid a los que os maldicen, y orad por los que os calumnian" (Lc. 6:27-28).

Así que, escúcheme bien: Esto no es algo que usted pueda hacer, pero sí algo que Dios puede hacer por medio de usted. Y si quiere avanzar en el proceso de sanidad, esto es lo que debe hacer: Cuando ya ha llegado al punto de perdonar por completo a sus ofensores, de liberarlas, de presionar esa tecla de borrar, pídale a Dios que le muestre cómo puede hacer bien a su ofensor, a aquel que pecó contra usted.

Esto no tiene que ser algo espectacular. Puede ser sencillamente que usted use palabras amables para responder a las que demuestran odio. Puede ser una comida preparada de manera especial. O que usted se ofrezca a realizar una de las tareas domésticas que usted sabe que ella detesta. Incluso una tarjeta prepagada para ir a un restaurante favorito o una nota cariñosa que usted coloca en el cajón de las medias.

Comience allí. Vea lo que ocurre, si no en él o ella, entonces lo que sucede en usted. Y esté atento al siguiente paso que Dios lo guía a tomar, hasta que en realidad comience a experimentar gozo —el gozo de Dios— al bendecir a alguien que lo trató de forma tan cruel. Haciéndolo vencerá el mal con el bien.

Ese es el nivel elemental de la obediencia. Nada podría ser más real, eficaz o poderoso... para usted y para su ofensor.

Fui testigo de esta experiencia en la vida de una amiga cuyo esposo la había ofendido mucho. Ella sabía que no podía albergar amargura en su corazón, así que lo perdonó. Sabía que no podía vengarse, así que, tan duro como fuera, se negó a devolver mal por mal.

Sin embargo, la libertad en su espíritu así como la restauración y el arrepentimiento final de él vinieron cuando ella determinó devolverle bien por mal: Se levantaba cada día al amanecer para prepararle el desayuno antes de que saliera a trabajar, le planchaba sus camisas, oraba para que fuera bendecido, respondía a sus accesos de cólera con palabras bondadosas, y buscaba su perdón cuando fallaba en hacerlo.[29]

Cada acto de (inmerecida) bondad servía para sepultar cualquier amargura a la que ella se hubiera sentido inclinada, y al mismo tiempo, plantaba una semilla de gracia en el corazón del hombre en quien ella esperaba ver la restauración de Cristo.

Tal es el fruto del perdón que va "más allá".

Un matiz más profundo del perdón

Según la naturaleza y las circunstancias de su relación con quienes lo han agraviado, puede que no sea apropiado para usted reencontrarse cara a cara o reestablecer contacto con ellos. Como advertí al principio, esta decisión debe tomarse con la asesoría de su pastor u otro amigo maduro y piadoso que pueda ayudarlo a manejar esto de forma bíblica y segura.

Pero sin importar quién sea esta persona o lo que ha hecho, hay por lo menos algo que usted puede hacer: Orar por él o ella. Y me refiero a orar de verdad por esta persona.

Usted puede suspirar y decir: "No creo que pueda orar para que Dios bendiga a ese hombre o a esa mujer... ¡Ni siquiera quiero que Dios lo haga!" Sin embargo, le aseguro que cuando comience a hacerlo por pura obediencia a la Palabra de Dios, descubrirá la misma verdad que yo encontré en mi propia vida: Que no puede odiar por mucho tiempo a alguien por quien está orando, a alguien a favor del cual pide la bendición de Dios y que sea restaurado a una correcta relación con Él.

Nuestra meta principal para nuestros ofensores debe ser su reconciliación, primero y ante todo con Dios y luego, si es posible, con nosotros. Podemos procurar el logro de este objetivo final si construimos puentes de amor y bendición a lo largo de la línea divisoria. A pesar de la respuesta de ellos, ¿cómo podemos mantener los muros alzados —rehusando buscar su bendición y restauración—, y esperar que experimentemos una comunión íntima con Dios?

El poder del amor del Calvario

No somos los únicos que terminan liberados cuando escogemos perdonar y bendecir a aquellos que han pecado contra nosotros. En el gran plan de Dios, nos convertimos en instrumentos de su obra redentora —canales de su misericordia y gracia— en la vida de aquellos que al final reciben esta bendición.

Ellos son confrontados con la realidad del amor del Calvario, cuando saben que merecen justo lo contrario.

Al final, tales medidas tan inmerecidas e inexplicables resultan ser los medios para llevarlos al quebrantamiento y al arrepentimiento por su pecado.

Hace poco recibí un correo electrónico de un colega que sabía que trabajaba en un libro acerca del perdón, y que se animó a recordarme cómo afectó su vida la reacción de su esposa cuando tras ser golpeada por su traición le respondió a él con bendición.

Hasta ahora, él puede recordar como si fuera ayer, la mirada angustiada, la expresión horrorizada en el rostro de su esposa cuando le confesó su descarada inmoralidad. "Ella se sintió muy herida" —escribió él—. "Fue algo inconcebible. Nunca podré olvidar la terrible conversación que tuvimos".

Pero hay algo más que él todavía recuerda, algo que vino a ser aun más poderoso que el daño, no solo en la vida de su esposa, sino en su propia restauración: "Algo que todavía permanece en mi mente, casi cuatro años después, es la ausencia de reproche y de actitudes vengativas que buscaran herirme en pago por lo que hice".

En realidad, ella estaba destrozada y "muy, muy enojada". En términos humanos, ella tenía toda la razón para estar así. Pero a pesar de todo —la pérdida de muchas amistades, la confusión en su familia como resultado del pecado de su esposo, e incluso tener que trabajar para compensar su pérdida de ingresos—, "ni una sola vez me ha hablado con amargura, mezquindad o rencor.

"Esto me asombra" —dijo él—. "Y no deja de asombrarme. Creo que el increíble amor y sacrificio de mi esposa es la razón por la cual aún estamos juntos y que yo he vuelto a servir al Señor".

Ese corazón perdonador no vino de forma fácil a esta mujer. Dos semanas después de ser descubierto el pecado de su esposo, tuvo que hacer un viaje de dieciséis horas. De regreso a casa, empleó todo el tiempo en oración, clamando al Señor, derramando el dolor de su corazón, orando por su esposo y sus hijos y tratando de decidir si debía abandonarlo.

Este viaje resultó ser un punto decisivo. Fue durante ese viaje de regreso a casa que parecía interminable, Dios le recordó todo lo que Él había hecho por ella, y cómo había extendido su perdón por su pecado. En su corazón, ella sabía que Dios le estaba dando una opción: Responder con amor y gracia, como Dios la había recibido a ella, o negar la gracia de Dios y convertirse en una mujer amargada.

"Gracias a Dios" —su esposo escribió—, "ella escogió la primera. Gracias a esa elección, estoy aquí hoy restaurado, de nuevo en comunión con Dios, mi familia y otros. No ha sido un camino fácil. Ha requerido discusiones difíciles, un proceso intenso de rendir cuentas y recibir consejo de personas compasivas y piadosas.

"Pero todo esto ha sido posible gracias a que mi esposa escogió perdonar. No puedo pensar en esto sin darme cuenta otra vez del increíble amor y la gracia de Dios. Yo por lo menos estaré agradecido por siempre".

No puedo prometerle que al bendecir a su ofensor tendrá como resultado este tipo de "final de cuento". Sin embargo, puedo en gran medida prometerle esto: Si no escoge pagar con bendición, puede estar casi seguro de que nunca verá la reconciliación que su corazón anhela.

He observado cómo Dios hace lo que parece increíble cuando

sus hijos se han dispuesto no sólo a perdonar a sus ofensores, sino a dar un paso más y devolver bien por mal. Siempre aconsejo a las mujeres: "Lo crean o no, si se lo permiten, Dios puede en realidad llenar su corazón de profundo amor y compasión por aquella persona a la cual ha odiado por años". Y he visto que Él lo hace.

Sí, es un milagro de la gracia de Dios. Es un milagro que usted puede experimentar, no una sola vez, sino una y otra vez, cuando cultiva un corazón perdonador, uno que perdona a otros como Él lo ha perdonado a usted.

Reflexión personal

✤ Pregúntele a Dios cómo quiere Él que usted comience a poner en práctica Lucas 6:27-28 y Romanos 12:20-21. ¿Cuál es el enemigo que necesita bendecir? ¿Cuáles son algunas de las formas apropiadas como puede satisfacer las necesidades de él o ella, invertir en su vida y extenderle la gracia de Dios?

CUANDO JESÚS, CLAVADO A UNA CRUZ ROMANA, ORÓ:
"PADRE, PERDÓNALOS", EMPUÑÓ UN ARMA CONTRA LA CUAL
NI EL MISMO CÉSAR TUVO PODER... ¿QUIÉN PUEDE OPONERSE
A LA FUERZA DEL PERDÓN?[30]

—*Elisabeth Elliot*

EL PODER DEL PERDÓN

Perdonar a otro no es una tarea fácil. Yo lo sé. Incluso mientras le daba los toques finales a este libro, he experimentado una serie de "ofensas" aisladas, más bien pequeñas en su mayoría, aunque difíciles de asimilar.

Dos de estos agravios me han golpeado en puntos sensibles, y han sacado a flote de forma dolorosa relaciones y asuntos difíciles que consideraba resueltos; fue como abrir una herida que no se ha curado por completo.

A pesar del hecho de que he empleado los últimos meses sumergida en el tema del perdón —o quizás por esto—, me he hallado en una intensa batalla: Mis emociones y mi carne quieren con desesperación mantener la herida, alimentar el daño y "castigar" a aquellos que lo provocaron, mientras el Espíritu en mi interior insiste sin cesar con toda amabilidad: *"¡Déjalo ir! ¡Perdona... contrólate... presiona la tecla de borrar!"*

En medio de mi lucha con estos asuntos, mi corazón se ha sentido perseguido, casi acosado, por las palabras que he escrito en estas páginas. Y en esta prueba reciente, he tenido que hacer una elección, por difícil que haya sido, de renunciar a cualquier derecho de aferrarme a la herida o de ser una cobradora de deudas. He tenido que doblegarme ante la soberanía de Dios, aceptar cada daño como un regalo necesario y santificador, y recibir su gracia para escoger el camino del perdón. Hacer otra cosa sería firmar mi propia sentencia de prisión y constituiría una grave ofensa contra Dios, ¡más aún a la luz de todo lo que me ha perdonado!

Quizá su recorrido a lo largo de estas páginas ha puesto en evidencia asuntos y emociones difíciles, y ha vuelto a recordarle —como si lo necesitara— que el perdón es un empeño costoso.

En verdad lo fue para Jesús. Sigue siendo así para nosotros.

No obstante, es mi esperanza y mi oración que ante todo quede realmente grabado en su mente, como lo está en la mía ahora más que nunca, la gracia que se nos ha concedido por medio de nuestra relación con Jesucristo, amplia y suficiente, apretada y rebosante en todos aquellos que están listos para salir de la prisión de la amargura, para deponer nuestras armas y dejar toda resistencia... dispuestos a perdonar a otros como hemos sido perdonados.

En efecto, la falta de perdón puede tener un poderoso asidero en nosotros, lo bastante fuerte para alejar a las personas de nosotros y mantenerlas a distancia durante años. Todos sabemos cuán fuerte puede ser su atadura. Pero el poder de la falta de perdón es un poder desperdiciado, es una energía consumida que rinde muy poco fruto exterior de lo que hemos invertido en ella.

Sólo el poder del perdón puede realmente mantenernos en la voluntad de Dios, con paz en la tormenta, llevados adelante en el fluir ascendente de sus planes y propósitos eternos para nuestra vida, yendo a lugares que tienen un propósito verdadero.

Hemos visto el poder del perdón para traer sanidad a la vida del *ofensor*, como el piloto de Pearl Harbor, o el médico cuyo error quirúrgico terminó de forma prematura con la vida de una mujer.

Hemos visto el poder del perdón para traer sanidad a la vida del *ofendido*, como en

> EL PERDÓN ES UNA HERRAMIENTA PODEROSA EN LAS MANOS DE UN DIOS TODOPODEROSO PARA TRAER SANIDAD POR DOQUIER, A TODA CLASE DE SITUACIÓN O RELACIÓN IMAGINABLE, PASADA O PRESENTE.

Gracia Burnham, o la esposa en el capítulo anterior que pudo haber permitido que las decisiones equivocadas de su esposo destruyeran su matrimonio.

El perdón es una herramienta poderosa en las manos de un Dios Todopoderoso para traer sanidad por doquier, a toda clase de situación o relación imaginable, pasada o presente.

De hecho, el perdón puede tener un efecto duradero en situaciones y relaciones futuras. Cuando usted escoge el camino del perdón, Dios puede usar su obediencia para evitar que hábitos pecaminosos y dolor innecesario se transmitan a sus hijos y a las generaciones futuras.

Hace poco un amigo me envió un correo electrónico en el cual relataba algunos recuerdos de su niñez. Su mamá había vivido con una madre que tenía un temperamento terrible que nunca pudo controlar. Al seguir los mismos pasos, la madre de mi amigo, aunque ahora es una piadosa cristiana desde hace muchos años, era también una mujer airada que a menudo descargaba su furia en su familia.

Por alguna razón, la hermana de mi amigo, Bonnie, fue la que recibió en su infancia lo peor de la furia devastadora de su mamá. Ella creció odiando el trato que había recibido de su mamá.

Después que Bonnie se casó y tuvo su primer hijo, se conmocionó un día cuando su pequeño niño, de menos de un año, hizo algo "malo", y se descubrió gritándole con rabia. Horrorizada, se dio cuenta de que había heredado la ira de su abuela y de su madre. Esto la asustó. La espantó escuchar palabras que ella aborrecía, palabras que había prometido nunca usar contra sus propios hijos y que ahora salían de su boca con el mismo volumen y facilidad. Ella se arrodilló y le rogó a Dios que la librara de esto.

Algunos meses después, ella asistió a una conferencia donde una oradora hablaba acerca de la importancia del perdón. La misma animó a su audiencia a tratar las heridas pasadas como un "disco antiguo" (¿recuerdan los discos antiguos, antes de las cintas y los discos compactos?), y que dejaran de escucharlo una y otra vez en su mente. Ella las instó: "Tomen el disco de esos daños y rómpanlo sobre sus rodillas. Solo entonces" —dijo ella—, "ustedes serán libres y capaces de amar a aquellos que las han herido".

Bonnie tomó en serio aquellas palabras y como un acto de obediencia y fe "rompió el disco" que había repetido tantas veces en su mente: El disco de los arrebatos y las acciones de ira de su mamá, de las palabras hirientes y humillantes que le dijeron siendo niña. Por la gracia de Dios, ella perdonó por completo a su mamá.

Dios no sólo reparó el abismo que existía entre Bonnie y su madre, sino que de forma milagrosa quebrantó esa atadura de ira en su propio corazón y la hizo libre al romper un hábito pecaminoso que había atormentado a tres o más generaciones.

Como dice mi amigo de su hermana: "Bonnie ha sido una de las madres más amorosas, sabias y piadosas que jamás he visto. No ha atacado a sus hijos con ira como lo hizo su mamá. Dios acabó todo lo malo de manera completa y permanente cuando ella decidió perdonar a nuestra madre por lo que había cometido contra ella —también de manera completa y permanente—.

"Bonnie podría decirte hoy, como ha aconsejado a muchas mujeres a lo largo de los años, que el perdón fue la clave para recuperar y transformar su vida".

Este es el poder del perdón.

Pero nunca debemos olvidar esto: El perdón es más que un camino para encontrar la libertad personal, más que una vía para aliviar el dolor que sentimos en nuestro corazón. Es incluso más que una vía para mantener la esperanza de reconciliarnos con aquellos que nos han lastimado.

En un sentido, todos estos beneficios son secundarios frente a un resultado mucho mayor. La meta final del perdón, al igual que la meta última de nuestra vida, debe ser *glorificar y honrar a Dios*.

El perdón en la vida de un creyente deja ver el asombroso y redentor corazón de Dios; exhibe las riquezas de su abundante misericordia y su gracia sorprendente, a la vista de todos.

Sentada aquí en mi computadora, mientras medito en todo lo que hemos considerado acerca del perdón en este libro, el estribillo de aquel gran himno de Samuel Davies (1723-1761) sigue sonando en mi mente:

¿Quién es tan perdonador como tú, Dios?
¿O quién tiene gracia tan abundante y gratuita como tú?

Hasta aquí es donde llega. El perdón no es tanto un asunto sobre nosotros sino sobre Él. Cada oportunidad que usted encuentra para practicar el perdón es una ocasión para llamar la atención hacia el Dios que tanto se deleita en mostrar misericordia y en perdonar a los pecadores, que dio a su único Hijo para hacerlo posible. Cuando sus semejantes ven que usted perdona, cuando escuchan su conversación, cuando observan sus reacciones, pueden ver a Cristo de una forma como nunca lo han conocido. Y también pueden ser movidos a amar, a adorar y a confiar en ese gran "Dios perdonador".

El perdón no es sólo un acto de obediencia por la simple búsqueda de la obediencia. Sí, se nos ordena perdonar. Y sí, nosotros que hemos sido tan perdonados en realidad no tenemos ningún derecho a ser cobradores de deudas. Pero más que una obligación, el perdón es un llamado de lo alto, una oportunidad para ser parte de algo eterno, para demostrar nuestra gratitud a Aquel que nos perdonó todo (y usted sabe lo que "todo" significa en su caso).

Piense en esto como una ofrenda, un sacrificio, un regalo de amor para Dios... solo para Él. Si Dios le añade a la bendición que nuestro perdón sirva de ayuda para nosotros y para otros, entonces mucho mejor. Con todo, saber que Él se complace con esto y recibe alabanza, es una razón y una recompensa suficiente.

El himno de la eternidad

Para aquellos que no conocen una mejor opción, el perdón puede parecer debilidad, derrota, la actitud de dejar que el mal triunfe, de permitir que "los malos" ganen. De hecho, en un primer momento, el Calvario mismo pudo parecer una derrota: el príncipe de las tinieblas que triunfa sobre el Príncipe de paz y lo deja indefenso.

Sin embargo, vista desde la amplia expansión de la eternidad, la cruz significó la derrota final de Satanás ¡y vino a ser la mayor victoria de Dios! Aunque "se siembra en deshonra", Cristo "resucitará en gloria"; "se siembra en debilidad... resucitará en poder" (1 Co. 15:43).

El Cordero de Dios puso su vida en el altar del sacrificio. Cuando derramaba sus últimas gotas de sangre, Él clama a su Padre para que perdone a aquellos cuyo pecado soportaba. Así inspiró —y expiró— su último aliento.

Y todo el cielo prorrumpió en un poderoso himno: *¡Perdonado! ¡Borrado! ¡Cancelado! ¡Misericordia concedida! ¡Justicia vindicada! ¡Redención culminada!*

Tres días después, el Cordero inmolado a favor de los pecadores desde la fundación del mundo es levantado de la muerte: El león de la tribu de Judá.

Y Él reinará por siempre.

Y estaremos delante de su trono: Pecadores hechos santos, enemigos reconciliados con Dios, vestidos del lino fino de su justicia, para adorarle y servirle día y noche por siempre.

Tal es el asombroso y eterno poder del perdón.

Reflexión personal

♣ ¿Hay algún "disco" que aún debe romper? Por su gracia, hágalo hoy.

♣ Adore a Dios por su asombroso perdón y gracia.

NOTAS

Prólogo de David Jeremiah

1. Duane W. H. Arnold, *Prayers of the Martyrs* [Oraciones de los mártires], comp., trad., (Grand Rapids: Zondervan, 1991), 108-109.

Introducción

2. Leon Alligood, columnista del diario *The Tennessean*, 17 de octubre de 2005, secc. A, pp. 1-2.

3. Charles Dickens, *Great Expectations* [Grandes esperanzas] (Oxford University Press), 82.

4. John MacArthur, *Forgiveness* [La libertad y el poder del perdón] (Wheaton, IL: Crossway Books, 1998), 7. Este libro está publicado en castellano por Editorial Portavoz.

Capítulo 1: Caminar lastimado

5. John Feinstein, *The Punch: One Night, Two Lives, and the Fight That Changed Basketball Forever* [El puñetazo: Una noche, dos vidas y la lucha que cambió al baloncesto para siempre] (Boston: Little, Brown, and Co., 2002), introducción.

Capítulo 2: Lo que sucede cuando rehusamos perdonar

6. Lawrence O. Richards, *New International Encyclopedia of Biblical Words* [Nueva enciclopedia internacional de términos bíblicos] (Grand Rapids: Zondervan, 1991), 127.

7. Jordana Lewis y Jerry Adler, "Forgive and Let Live" ["Perdona y déjalo vivir"], *Newsweek*, 27 de septiembre de 2004, 52.

8. Claudia Kalb, "End Your Back Pain" ["El fin de su dolor de espalda"], *Reader's Digest*, marzo de 2005, 145.

9. *Newsweek*, "The Good Heart" ["El corazón bueno"], 3 de octubre de 2005, 49-55.

10. "As We Forgive Our Debtors" ["Cuando perdonamos a nuestros deudores"], mensaje predicado por John Piper, 20 de marzo de 1994 (www.desiringGod.org/ResourceLibrary/Sermons/ByDate/1994/868_As_We_Forgive_Our_Debtors/).

Capítulo 3: La promesa del perdón

11. Ernest Cassuto, *The Last Jew of Rotterdam* (San Francisco: Purple Pomegranate Productions, 2001, 124-25, 161-63.

12. Dios ha designado a las autoridades civiles y religiosas castigar a los que hacen el mal y proteger a los justos. Es posible perdonar en su corazón a un cónyuge, un hijo, una hija o un empleador al tiempo que notifica su conducta ilegal ante las autoridades que Dios ha establecido para tratar este tipo de ofensas, o si acude a los líderes espirituales de su iglesia para confrontar a la persona impenitente.

Capítulo 4: Perdonar por causa de Jesús

13. *Life Action Ministries* [Ministerios Vida en acción] tiene cuatro equipos que coordinan reuniones en iglesias locales con el propósito de buscar a Dios para experimentar un avivamiento personal y colectivo. Para conocer más al respecto o solicitar la visita de un equipo a su iglesia, comuníquese a: P.O. Box 31, Buchanan, MI 49107; 800/321–1538; www.LifeAction.org; info@LifeAction.org (en inglés).

14. Oswald Chambers, *My Utmost for His Highest* [En pos de lo supremo], 19 de noviembre.

15. *Ibíd.*, 20 de noviembre.

16. *Ibíd.*, 20 de noviembre.

17. *North American Review*, enero de 1834, citada en http://www.cyberhymnal.org/htm/t/f/tfountfb.htm.

18. *Religion Today Summaries* [Resúmenes de religión hoy], miércoles 22 de

junio de 2005. Esta es una publicación de Crosswalk.com, un sitio web provisto por la cadena radial Salem.

Capítulo 5: El arte de perdonar

19. Gracia Burnham con Dean Merrill, *To Fly Again* [Volar otra vez] (Wheaton, IL: Tyndale, 2005), 43.
20. *Ibíd.*, 43-44.

Capítulo 6: Enojado con Dios

21. John Piper, carta, 6 de enero de 2006.

Capítulo 7: Qué es el verdadero perdón y qué no lo es

22. John Piper, *Future Grace* [Gracia futura] (Sisters, OR: Multnomah Press, 1995), 268.
23. Sermón de C. H. Spurgeon, "Forgiveness Made Easy" ["El perdón hecho fácil"], http://www.spurgeon.org/sermons/1448.htm.

Capítulo 8: Devolver una bendición

24. John MacArthur, *Forgiveness* [La libertad y el poder del perdón] (Wheaton, IL: Crossway Books, 1998), 161. Este libro está publicado en castellano por Editorial Portavoz.
25. "Glory from the Ashes" ["Gloria de las cenizas"], Enfoque a la familia (diciembre de 2001); "The Kamikaze of God" ["El suicida de Dios"], *Christianity Today* (3 de diciembre de 2001).
26. Thomas Watson, *The Lord's Prayer* [La oración del Señor], 252.
27. Gracia Burnham con Dean Merrill, *To Fly Again* [Volar otra vez], 54.
28. *Ibíd.*, 54-55.
29. "Bendecir" y "hacer bien" a su esposo no significa que ella justificó, ignoró o permitió sus elecciones pecaminosas. Aunque el amor genuino exigió de su parte decir la verdad, ella decidió hacerlo sin rencor, amargura o malicia en su corazón.

Epílogo: El poder del perdón

30. Elisabeth Elliot, *Love Has a Price Tag* [El amor tiene un precio] (Ann Arbor, MI, 1979), 48.

EDITORIAL
PORTAVOZ

NUESTRA VISIÓN

Maximizar el efecto de recursos cristianos de calidad que transforman vidas.

NUESTRA MISIÓN

Desarrollar y distribuir productos de calidad —con integridad y excelencia—, desde una perspectiva bíblica y confiable, que animen a las personas a conocer y servir a Jesucristo.

NUESTROS VALORES

Nuestros valores se encuentran fundamentados en la Biblia, fuente de toda verdad para hoy y para siempre. Nosotros ponemos en práctica estas verdades bíblicas como fundamento para las decisiones, normas y productos de nuestra compañía.

Valoramos la excelencia y la calidad
Valoramos la integridad y la confianza
Valoramos el mérito y la dignidad de los individuos
  y las relaciones
Valoramos el servicio
Valoramos la administración de los recursos

Para más información acerca de nuestra editorial y los productos que publicamos visite nuestra página en la red: www.portavoz.com